AF740988

www.ingramcontent.com/pod-product-compliance
Lightning Source LLC
LaVergne TN
LVHW010100061026
849532LV00005BA/1863

9789358724882

انتخاب عالم

فن اور شخصیت

(چہار سو [راولپنڈی، پاکستان] کا خصوصی شمارہ)

ادارہ چہار سو

Intikhab Alam : Funn aur Shakhsiat
by: Idara Chaharsu
Edition: May '2024
Publisher:
Taemeer Publications LLC (Michigan, USA / Hyderabad, India)

ISBN 978-93-5872-488-2

کتاب	:	**انتخاب عالم : فن اور شخصیت**
مرتب	:	**ادارہ چہارسو**
صنف	:	تحقیق و تنقید
ناشر	:	تعمیر پبلی کیشنز (حیدرآباد، انڈیا)
سالِ اشاعت	:	۲۰۲۴ء
صفحات	:	۴۴

قرطاسِ اعزاز

زندگی کے ساتھ ساتھ

چہارسُو

جلد ۲۰، شمارہ: مئی، جون ۲۰۱۱ء

ای۔میل: chaharsu@gmail.com

اردو زبان زندہ باد، پاک چین دوستی پائندہ باد اردو زبان زندہ باد، پاک چین دوستی پائندہ باد اردو زبان زندہ باد، پاک چین دوستی پائندہ باد اردو زبان زندہ باد، پاک چین دوستی پائندہ باد

قرطاسِ اعزاز

چانگ شی شوان

المعروف

انتخاب عالم

کے نام

اردو زبان زندہ باد، پاک چین دوستی پائندہ باد اردو زبان زندہ باد، پاک چین دوستی پائندہ باد اردو زبان زندہ باد، پاک چین دوستی پائندہ باد اردو زبان زندہ باد، پاک چین دوستی پائندہ باد

''نفوسِ وقت''

فاری شا

(اسلام آباد)

نام: چانگ شی شوان (انتخاب عالم)
تخلص: عالم
قومیت: چینی
پیدائش: ۲۲ مئی ۱۹۴۰ء، بمقام یانگ چانگ گاؤں، یونگ تھونگ کاؤنٹی، صوبہ شان شی، چین

تعلیم

انٹرمیڈیٹ: ۱۹۶۰ء مڈل اسکول نمبرا، شہرلین فین، صوبہ شان شی، چین۔
گریجویشن شعبہ صحافت: ۱۹۶۴ء، بیجنگ براڈ کاسٹنگ انسٹی ٹیوٹ، چین۔
گریجویشن شعبہ اردو: ۱۹۶۷ء بیجنگ براڈ کاسٹنگ انسٹی ٹیوٹ، چین۔
ایڈوانسڈ اردو: ۸۲۔۱۹۸۰ء، نیشنل انسٹی ٹیوٹ آف ماڈرن لینگویجز، اسلام آباد، پاکستان۔

اعزازات

''تمغہ پاکستان''......مارچ ۱۹۹۳ء حکومت پاکستان۔
''سلیم جعفری اردو ایوارڈ''......اکتوبر ۲۰۰۰ء ادارہ فروغ اردو ادب دوبا ودبئی۔
''ستارہ قائداعظم''......فروری ۲۰۰۶ء حکومت پاکستان۔
''فخرِ اردو ایوارڈ''......نومبر ۲۰۰۸ء اردو مرکز، لاس انجلز۔
''غیر معمولی خدمات انجام دینے والے ماہرین کیلئے مخصوص الاؤنس'' ......۱۹۹۷ء (حکومت چین)

ملازمت

اردو مجلّہ ''چین باتصویر'' میں ۱۹۶۷ء تا ۱۹۸۴ء ایڈیٹر
۱۹۸۴ء تا ۱۹۹۷ء ایڈیٹر ان چیف
۱۹۹۷ء تا ۲۰۰۰ء سینئر ایڈیٹر
ریٹائرمنٹ کے بعد کے مشاغل
کمیونی کیشنز یونیورسٹی آف چائنہ میں ستمبر ۲۰۰۳ تا جون ۲۰۰۷ وزٹنگ پروفیسر اور صدر شعبہ اردو۔
فارن سٹڈیز یونیورسٹی میں ستمبر ۲۰۰۷ تا حال وزٹنگ پروفیسر۔

تصانیف

(۱) شعرگوئی:
''گلبانگِ وفا'' (پہلا شعری مجموعہ)

(۲) اردو سے چینی میں ترجمہ:
''پاکستان کے فلمی گیت''
''پاکستان کے قومی نغمے''
Ovation to China (شعری مجموعہ، شاعر: راغب مرادآبادی)
''غیر ملکی غنائی شاعری (حصہ اردو)

(۳) چینی سے اردو میں ترجمہ
''یاسمین'' (شعری مجموعہ، شاعر: چی پھنگ)
اردو ماہنامے ''چین باتصویر'' کے جملہ ۳۸۴ شماروں میں شائع شدہ مضامین کا قریب چوتھا حصہ۔
''آبلہ پا'' (غیر مطبوعہ۔ اس کتاب کا ترجمہ جناب یوانگ وان ای کے تعاون سے کیا گیا)
''پاکستان، تاریخ وثقافت'' (غیر مطبوعہ)

(۴) ترتیب وتالیف
اردو ماہنامے ''چین باتصویر'' کے جملہ ۳۸۴ شماروں کا بیشتر حصہ
''اردو کا عروض'' (نصابی کتاب)
''منتخب ادب پارے'' (نصابی کتاب)
''معلومات پاکستان'' (نصابی کتاب)

(۵) نظرثانی
''عام استعمال کے اردو جملے''
''میری منھی چینی اردو لغت''
''میری چینی اردو لغت

(۶) متفرقات
چینی اور اردو میں مختلف موضوعات پر تقریباً ڈیڑھ سو مضامین، مقالات اور منظومات۔

غیر ممالک کے دورے اور بین الاقوامی ادبی سرگرمیوں میں شرکت

۱۔ دسمبر ۱۹۸۰ء تا دسمبر ۱۹۸۲ء نیشنل انسٹی ٹیوٹ آف ماڈرن لینگویجز اسلام آباد میں ایڈوانسڈ اردو کورس کی تکمیل۔
۲۔ مارچ ۱۹۸۸ء ابوظہبی میں منعقدہ ''انٹرنیشنل احمد ندیم قاسمی سیمینار و مشاعرہ'' میں شرکت۔
۳۔ اگست ۱۹۸۸ء کراچی میں چین کی شائع کردہ اردو مطبوعات کی نمائش منعقد کرنے کیلئے پاکستان کا دورہ۔
۴۔ مئی ۱۹۹۱ء میں چینی صحافیوں کے واحد نمائندے کی حیثیت سے چین اور

پاکستان کے سفارتی تعلقات کے قیام کی چالیسویں سالگرہ کے موقع پر پاکستان کا دورہ۔ دورے کے دوران ملتان، فیصل آباد، میاں چنوں اور پنجاب یونیورسٹی میں منعقدہ مشاعروں میں شرکت۔

۵۔ ستمبر ۱۹۹۲ء ایلیٹیز کالج کراچی کے زیر اہتمام منعقدہ عالمی اردو کانفرنس اور پانچویں عالمی مشاعرے میں شرکت۔

۶۔ دسمبر ۱۹۹۵ء اسلام آباد میں منعقدہ ادیبوں، فنکاروں اور دانشوروں کی انٹرنیشنل کانفرنس میں شرکت۔

۷۔ نومبر ۱۹۹۸ء چینی ادیبوں کے وفد کے ساتھ پاکستان کا دورہ۔

۸۔ اکتوبر ۲۰۰۰ء دوہا اور دبئی میں بشیر بدر کے نام سے منعقدہ اردو ادبی جشن میں شرکت۔ اس موقع پر ''تیسرے سلیم جعفری اردو ایوارڈ'' ملا۔

۹۔ اکتوبر ۲۰۰۰ء میں دوہا اور دبئی کے ادبی جشن سے فارغ ہو کر چین واپسی کے راستے میں دورہ پاکستان۔

۱۰۔ اپریل ۲۰۰۴ء نئی دہلی میں جشنِ بہار کے سلسلے میں منعقدہ مشاعرے میں شرکت۔

۱۱۔ نومبر ۲۰۰۵ء نئی دہلی میں ادارہ ''جشنِ بہار'' کے زیر اہتمام منعقدہ مشاعرے میں شرکت۔

۱۲۔ نومبر ۲۰۰۸ء شہر لاس اینجلز اور شہر سالٹ لیک میں منعقدہ مشاعروں میں شرکت۔

۱۳۔ مئی ۲۰۰۹ء نئی دہلی میں ادارہ ''جشنِ بہار'' کے زیرِ اہتمام منعقدہ مشاعرے میں شرکت۔

۱۴۔ اپریل ۲۰۱۰ء اسلام آباد میں منعقدہ بین الاقوامی کانفرنس ''صوفی ازم اینڈ پیس'' میں شرکت۔

ایک ارب میں ایک شاعر

آپ سے ملئے۔ آپ کا اسم گرامی ہے چانگ شی شوان۔ اردو دنیا میں آپ انتخاب عالم کے نام سے معروف ہیں اور واقعی انتخاب عالم ہی ہیں۔ چین کی آبادی ایک ارب سے زائد ہے۔ اس ایک ارب سے زائد کی آبادی میں اردو شاعر صرف ایک ہے انتخاب عالم! یہ مشہور رسالے ''چائنا پکٹوریل'' کے اردو ڈیپارٹمنٹ کے ڈائریکٹر ہیں۔ ''چائنا پکٹوریل'' کا اردو ایڈیشن انہی کی ادارت میں شائع ہوتا ہے۔ جولائی کا شمارہ پیشِ نظر ہے۔ نہایت خوبصورت اور دیدہ زیب ہے! جناب چانگ شی شوان نے پاک چین دوستی کے جذبے سے متاثر ہو کر ۱۹۶۳ء میں اردو سیکھنی شروع کی اور چار سال میں اتنی مہارت حاصل کر لی کہ ''چائنا پکٹوریل'' جو بیس زبانوں میں شائع ہوتا ہے کے اردو ایڈیشن ''چین باتصویر'' کے کارکن بنے۔ اب اس کی اشاعت چودہ ہزار ہے۔ ۱۹۷۸ء میں آپ نے اردو شاعری شروع کی اور پچھلے دس سال میں ماشاءاللہ بے شمار غزلیں کہہ چکے ہیں۔ سچی بات تو یہ ہے کہ انتخاب عالم بڑی خوبصورت غزل کہتے ہیں۔ کیا عجب شعر کہا ہے:

کبھی ''نہیں'' کے بجائے ذرا کہو ''ہاں'' بھی
''نہیں'' کے لفظ سے یہ لفظ مختصر تو ہے

پاکستانی سفیر اکرم ذکی صاحب شاعر بھی ہیں شاعر نواز بھی۔ چین کے دارالحکومت بیجنگ میں مشاعروں کا سلسلہ اکرم ذکی صاحب ہی نے شروع کیا ہے اور ان مشاعروں میں چین کے واحد اردو شاعر انتخاب عالم ذوق وشوق سے شریک ہوتے اور داد پاتے ہیں۔

رئیس امروہوی (●)

''وقت دریا ہے''

جناب انتخاب عالم کے کلام سے چنیدہ اشعار

عروب شاہد
(راولپنڈی)

ٹوٹ جاتا ہے قلم حرف مگر رہتا ہے
پاؤں چلتے ہیں مگر نقش ٹھہر جاتا ہے
وقت دریا ہے کوئی جھیل نہیں ہے عالم
راہ میں غم ہو، خوشی ہو، یہ گزر جاتا ہے

○

غالباً چینی سے بھی شیریں ہے اردو دیکھئے
چین کا عالم بھی اب اس میں غزل خواں ہوگیا

○

آدمی دھوپ میں ہو زیرِ شجر جائے گا
دھوپ میں ہے جو شجر خود وہ کدھر جائے گا
وہ جو نکلا ہے تری بزم سے، گھر جائے گا
کوئی گھر دل کا نہیں ہے وہ کدھر جائے گا
راہِ دریا سے چٹانیں بھی پرے ہٹتی ہیں
راستہ پاؤں تلے آپ سنور جائے گا

○

دروں بزمِ یاراں ہوں مگر ہوں کس قدر تنہا
شریکِ کارواں ہو کر بھی کرتا ہوں سفر تنہا
مقدر مثلِ انساں ہے پرستار زر و دولت
مصیبت میں نہیں آتی مصیبت کی خبر تنہا
مجھے حاصل رہی تیری رفاقت زندگانی بھر
ترے ہوتے ہوئے لیکن رہا میں عمر بھر تنہا

فراقِ یار میں ہم کیا کمال کرتے ہیں
گھڑی کو کاٹ کے ہم ماہ و سال کرتے ہیں
کتابِ دہر میں جس کا جواب درج نہیں
تمام عمر وہی ہم سوال کرتے ہیں
مثالِ نخلِ خزاں دیدہ ،خود کو ہم عالم
زوالِ حال سے ہی لازاول کرتے ہیں

○

قرارِ دل کا عجب انتظام کرتے ہیں
کہ آئینے سے سدا ہم کلام کرتے ہیں
یہ بت ہمارے تراشے ہوئے ہیں ان کا مگر
ہمیشہ خوف سے ہم احترام کرتے ہیں
خیالِ ذات کی فرصت کہاں کہ ہم عالم
کسی کا ذکر سحر تا بہ شام کرتے ہیں

○

کبھی نہیں کے بجائے ذرا کہو ''ہاں'' بھی
''نہیں'' کے لفظ سے یہ لفظ مختصر تو ہے

○

مجھے کس درجہ عادت پڑ چکی ہے دھوکا کھانے کی
کوئی آتا نہیں تو در کو خود ہی کھٹکھٹاتا ہوں
پڑے ہیں ڈھیر سارے کام، تھوڑی عمر باقی ہے
حصولِ وقت کی خاطر گھڑی الٹی گھماتا ہوں

بہت پڑھا ہے رخِ یار، کچھ نہیں سمجھا
یہ صرف غیر پہ کھلتی کوئی کتاب نہ ہو
میں دیکھتا ہوں کبھی آئینہ، کبھی مہماں
ادھر ضعیفی نہ ہو، یا ادھر شباب نہ ہو

○

شاعری کرتے ہیں ہم عالم زبانِ یار میں
ہے زبانِ یار یہ اردو زبان ہم کیا کریں

○

وقتِ وصالِ یار بھی آتا ہے دیر سے
یہ چیز بھی جھجکنے لگی یار کی طرح

○

اس وقت تجھ سے مل کے بہت دکھ ہوا مجھے
کس درجہ نیک کام میں تاخیر ہو گئی

○

دیتا ہے شجر اپنے ثمر کو سر کو جھکا کر
پر لوگ ثمر توڑتے ہیں سر کو اٹھا کر

○

ابر رویا تشنہ کاموں کو زمیں پر دیکھ کر
عازمِ ساحل ہوا دریا یہ منظر دیکھ کر

○

بہت کرتا ہے شور و غل، کبھی نکلا نہ ساحل سے
سمندر بھی مثالِ آدمی کم حوصلہ ٹھہرا

○

مری یہ سادگی دیکھو کہ دل کو دل سمجھتا ہوں
وہ پتھر ہی سہی، سجدے کے میں قابل سمجھتا ہوں

کب سکوں ملتا ہے اس پر شور شہرِ عشق میں
خواب میں اکثر پکار آتی ہے کوئے یار سے
مجھ کو کچھ احساسِ تنہائی نہیں تیرے بغیر
بات کرتا ہوں کبھی در سے کبھی دیوار سے

○

دنیا میں کوئی ایسی مکمل کتاب ہو
جس میں میرے سوال کا کوئی جواب ہو

○

تُو کہ ہے فخرِ زمیں اپنے جلال و جاہ میں
کوئی شے جچتی نہیں تجھ بن نگاہِ ماہ میں
گو بنی ہے خاک سے تُو، ایستادہ خاک پر
عکس اپنا ڈالتی ہے تُو مگر افلاک پر

○

طالبِ نشتر تھی کل اپنی یہ دنیا جس طرح
دے رہی ہے اب بھی شیشوں کے مسیحا کو صدا
پاسِ وعدہ کر ذرا اے شاعرِ نور و سحر
پھر قلم کی لرزشوں سے سونے والوں کو جگا

○

تیری ہر اک نظم میں گنجینۂ معنی نہاں
ہر غزل جذبات کا ہے موجزن سیلِ رواں
گوہروں کا اک خزینہ ہے ترا ہر شاہکار
ساحرانہ ہے زباں، ہے منفرد طرزِ بیاں

○

کوئی کہتا ہے فنا ہو جائے گا مر کر بشر
قلبِ دنیا میں ہے تیری زندگانی جاوداں

''وصالِ یار''

چانگ شی شوان

(انتخاب عالم)

پاکستان کے ایک چینی دوست کی حیثیت سے میں چاہتا ہوں کہ اس موقع سے فائدہ اٹھاتے ہوئے اپنے تجربے کے حوالے سے چین پاک دوستی کی قصیدہ خوانی کروں، لیکن اس دفعہ میں معمول کے برعکس آپ کو نظم کے بجائے نثر پیش کروں گا جو ایک طرح کا سفرنامہ ہے۔

''آپ چینی تو ہیں نا؟''

مارچ ۱۹۸۸ء کے ایک دن کا ذکر ہے احمد ندیم قاسمی صاحب کی ۷۲ویں سالگرہ کے موقع پر ان کی ادبی خدمات کے بارے میں ابوظہبی میں منعقدہ مشاعرے سے فارغ ہونے کے بعد میں اپنے ایک پرانے پاکستانی دوست جمیل اختر صاحب کے اصرار پر دوبئ گیا اور وہاں ان کے گھر میں دو دن ٹھہرا۔ دوسرے دن انہوں نے مجھے بازار کی سیر کروائی۔ چونکہ خاتونِ خانہ جو وہاں کے پاکستان اسکول میں ٹیچر ہیں، گھر کی گاڑی اسکول لے گئی تھیں اس لئے ہم نے ٹیکسی میں سفر کیا۔ بازار جانے کے راستے میں جب میں نے اور ٹیکسی ڈرائیور نے ایک دوسرے کا تعلق معلوم کیا تو پتہ چلا کہ اس کا تعلق بلوچستان سے تھا۔ بازار پہنچ کر جب میں اور جمیل صاحب ایک دوسرے کو کرایہ دینے سے منع کر کے خود اپنی جیب سے دینے لگے تو ڈرائیور نے ہم دونوں کو کرایہ دینے سے منع کیا۔ جب میں نے کرایہ دینے پر اصرار کرتے ہوئے پوچھا ''کرایہ کیوں نہیں لیتے؟ کیا میرا پیسہ پیسہ نہیں ہے؟'' تو جوابا بولا: ''آپ کا پیسہ پیسہ تو ہے لیکن آپ چینی تو ہیں نا؟ چینی ہمارے بھائی ہیں، ہم بھائیوں سے کرایہ نہیں لیتے'' مجھے یہ چند فقرے بے حد خیال انگیز شعر لگے۔

اردو بولنے کا فائدہ

ابوظہبی میں منعقدہ مذکورہ بالا سیمینار اور مشاعرے میں شریک شعراء و ادبا نے فرخدلی کا مظاہرہ کرتے ہوئے حق مہر کے طور پر مجھے اپنی اپنی تصانیف سے نوازا اور میں نے انہیں بہ صد مسرت اور بلا تکلیف قبول کیا۔ جب چین واپس آنے کا وقت آیا تو وہ مسرت پریشانی کا باعث بن گئی۔ مسئلہ یہ پیدا ہوا کہ اُنہیں کیسے چین لاؤں۔ کیونکہ دنیا بھر کی تمام ائیر لائن کمپنیوں کا ایک مشترکہ قاعدہ ہوتا ہے کہ ہر مسافر کو اپنے ساتھ صرف ۲۴ کلو سامان بھیجنے کی اجازت ہے، جبکہ میرے سامان کا وزن کم سے کم پچپن ساٹھ کلو تھا۔ چنانچہ شارجہ ائر پورٹ پر میں نے ۲۴ کلو سامان بھیجا اور باقی تیس پنتیس کلو سامان کو کندھے پر اٹھائے کسٹمز چینل سے گزرنے لگا۔ مجھے بھاری بوجھ تلے ہانپتے ہوئے دیکھ کر ائیر پورٹ کے ایک صاحب کو مجھ پر ترس آیا اور انگریزی میں مجھ سے پوچھا ''ویر آر یو گو ینگ''، میں نے اردو میں جواب دیا ''چین واپس جا رہا ہوں'' خربوزے کو دیکھ کر خربوزہ رنگ پکڑتا ہے۔ صاحب موصوف بھی اردو بولنے لگے۔ ''اتنے بھاری سامان کو الگ بھیجنے کے بجائے کیوں کندھے پر اٹھائے جا رہے ہیں؟'' میں نے عرض کیا ''قاعدے کے مطابق صرف ۲۴ کلو بھیجا جا سکتا ہے اور اتنا تو میں بھیج چکا ہوں'' بولے: '' قاعدہ تو قاعدہ ہے لیکن آپ تو اردو بولنے والے ہیں نا؟'' چنانچہ میں اپنے بھاری سامان سے سبکدوش ہو گیا۔

بندر بننے سے بال بال بچا

مئی ۱۹۹۱ء میں میں نے چین اور پاکستان کے سفارتی تعلقات کے قیام کی چالیسویں سالگرہ کے موقع پر حکومتِ پاکستان کی دعوت پر اس کے خوبصورت ملک کا دورہ کیا۔ پروگرام میں بالترتیب کشمیر، پشاور، لاہور اور کراچی کی سیر شامل تھی۔ ظاہر ہے اسلام آباد دورے کا نقطہ ہی آغاز بھی تھا اور منتہا بھی۔ لاہور میں رہنے والے عطاء الحق قاسمی صاحب، جو اپنی زندہ دلی اور خوش کلامی و خوش قلمی کے علاوہ دوست پروری اور مہمان نوازی کی وجہ سے بھی مشہور ہیں میرے پرانے یار ہیں۔ جب انہیں خبر ملی کہ میں لاہور کا دورہ کروں گا تو کہہ اٹھے کہ مجھے کندھے پر اٹھا کر ائیر پورٹ سے ہوٹل تک پہنچا دیں گے۔ یہ سن کر مجھے بے حد خوشی تو ہوئی، لیکن قدرے پریشانی بھی دامن گیر ہوئی کہ کہیں یہ یار واقعتاً مجھے بندر کی طرح کندھے پر نہ اٹھائیں۔ کیونکہ میرے مشاہدے کے مطابق ان کی محبت ان کے مزاج کی طرح زندہ دلانہ اور ان کے کلام کی طرح ظریفانہ ہے۔ چنانچہ میں لاہور کے ائیر پورٹ پر ان کا اور میرا خیر مقدم کرنے والے ایک اور صاحب ڈاکٹر حسن رضوی کے ہمراہ لاؤنج سے نکلتے ہی بھاگم بھاگ گاڑی کی طرف بڑھا اور دروازے کے کھلتے ہی جھٹ سے گاڑی میں بیٹھ گیا۔ یوں بندر بننے سے بال بال بچ گیا۔

ایک نوجوان ہم سفر

لاہور کے مذکورہ دو روزہ دورے کے دوران عطاء الحق قاسمی صاحب نے مجھ سے کہا چند دنوں کے بعد پنجاب کے کئی شہروں میں عالمی مشاعروں کا اہتمام ہوگا، آپ بھی آیئے اور ہمارے ساتھ مشاعرے پڑھئے ان کی اس مخلصانہ دعوت اور دوستانہ حکم کی تعمیل کی غرض سے حکومتِ پاکستان کے مرتب کردہ پروگرام کے ختم ہونے پر میں دوبارہ عازم لاہور ہوا۔

پچھلی دفعہ میں بائی ایئر لاہور گیا۔ ابھی ٹھیک طریقے سے نہیں بیٹھ پایا تھا کہ اترنا پڑا جس کی وجہ سے راستے میں سرزمینِ پنجاب پر ایک سرسری نظر

ڈالنے کی مہلت بھی نصیب نہ ہوئی۔ چنانچہ اس دفعہ روانگی سے پہلے میں نے ارادہ کرلیا کہ اب بائی بس سفر کروں گا۔ بس میں بیٹھتے ہی ایک نوجوان ہم سفر پر تجسس لہجے میں مجھ سے پوچھ تاچھ کرنے لگا۔ ''آپ چینی ہیں؟'' یہ وہی وقت تھا جب سندھ میں تین جاپانی طالب علموں اور دو چینی انجینئروں کو اغوا کیا گیا تھا۔ ان دو حادثات کے پیش نظر میں نے ازراہِ مزاح جواباً سوال کیا ''جب چینی اور جاپانی سب اغوا کے نشانے ہیں، تو ان میں کیا فرق رہ گیا؟'' نوجوان نے شرمندہ ہوکر میری دانستہ غلط فہمی کو دور کرنے کی کوشش کی، نہیں نہیں ہم آپ کو اغوا نہیں کرتے۔ جرم اغوا کا ارتکاب محض غنڈے ہی کرتے ہیں اور وہ بھی گنتی کے ہیں۔ راستے بھر میں ہمارے درمیان گفتگو جاری رہی جس میں دوستی اور بے تکلفی کا رنگ فقرہ بہ فقرہ نمایاں ہوتا گیا۔ لاہور پہنچ کر وہ پہلے مجھے اپنے گھر لے گیا جہاں اس نے مجھے اپنے والد سے ملایا اور چائے وائے پلائی۔ پھر مجھے اپنے اسکوٹر کے پیچھے بٹھا کے عطاالحق قاسمی صاحب کے ہاں پہنچا دیا۔ بعدازاں اس ہم سفر کی معصوم صورت ہمیشہ کے لیے میرے دل پر نقش ہوگئی۔

ناشتہ کی دعوت

عطاء الحق قاسمی صاحب نے مجھے ہوٹل میں ٹھہرانے کے بجائے اپنے گھر میں مفت قیام وطعام کے ساتھ ٹھہرا دیا۔ بقول ان کے گھر میں رہتے ہوئے ایک طرف مل بیٹھنے اور گپ شپ مارنے کا زیادہ وقت مل سکے گا۔ دوسری طرف باہم رابطہ قائم کرنے میں آسانی ہوگی۔ اس کے بعد میں نے شعرائے لاہور کے لشکر میں شامل ہوکر مردان، فیصل آباد، میاں چنوں اور پنجاب یونیورسٹی میں ہونے والے مشاعرے پڑھے۔ مشاعروں کے درمیانی وقفوں میں میں عطاء الحق قاسمی کے گھر میں رہ کر شعرائے لاہور کے دوش بدوش دو مشاغل میں محو رہا۔ اول مختلف ادبی تنظیموں اور خاندانوں کی شعری نشستوں میں شرکت کرنا۔ دوم، دعوتوں پر دعوتیں کھانا۔ دراصل یہ دو مشاغل ایک ہی مشغلے کے دو باہم مربوط حصے ہیں۔ ان دنوں اتنی زیادہ دعوتیں کھائی گئیں کہ آخر کار دہن اور شکم میں جھگڑا ہونے لگا کیونکہ دہن تو ہر دعوت کھانے پر راضی وآمادہ رہا جبکہ شکم مسلسل محنتِ شاقہ کی تاب نہ لاکر شکایت کرنے لگا۔ چنانچہ ایک شام ڈنر کھانے کے بعد میں نے یہ عہد کرلیا کہ کل صبح ناشتے سے پرہیز کرکے ایک تہائی روزہ رکھوں گا۔ لیکن رات کو سونے سے پہلے اچانک اطلاع ملی کہ صبح کسی دوست کے گھر میں ناشتہ کرنا ہے۔ چنانچہ مجھے میزبان کا شکریہ ادا کرتے ہوئے اپنے پیٹ کی منت سماجت کرنی پڑی۔ بعدازاں معلوم ہوا کہ میزبان موصوف کسی شام یا دوپہر کو ہماری دعوت کرنا چاہتے تھے لیکن ہماری تمام شاموں اور دوپہروں پر دوسرے لوگوں نے پہلے سے قبضہ کررکھا تھا۔ مجھے اس دعوت ناشتہ کے آئینے میں ایک دوست نواز دل کا عکس دکھائی دیا۔

بابا کو اعتراض ہے

ستمبر ۱۹۹۳ء میں میں نے ایلیٹس کالج کے زیراہتمام کراچی میں منعقدہ عالمی اردو کانفرنس اور پانچویں سالانہ عالمی مشاعرے میں حصہ لیا۔ پہلے کراچی سے لاہور اور پھر لاہور سے اسلام آباد جانے کا پروگرام تھا۔ لیکن کراچی میں مذکورہ مشاعرہ کے بعد پھر کئی مشاعرے ہوئے جن میں شرکت کے لئے بھی مجھے پرخلوص دعوت نامے موصول ہوئے۔ چونکہ مجھے ایک تنظیم کے مشاعرے میں شرکت کرکے دوسری تنظیموں کے مشاعروں میں شرکت کی دعوت سے انکار کرنا اچھا نہیں لگا۔ اس لئے کراچی میں مزید پانچ دن ٹھہرا۔ اس طرح لاہور جانے کا پروگرام منسوخ کرنا پڑا۔ جب میں نے اسلام آباد کے ایک ہوٹل میں سامان اتار کر آفتاب شمیم صاحب کو فون کیا تو وہ گاڑی بھیج کر مجھے میرے سامان سمیت اپنے گھر لے آئے۔ اسی شام افتخار عارف صاحب اور ظفر بختاوری صاحب نے اکادمی ادبیات اور کلچرل فورم کی طرف سے میرے اعزاز میں شعری نشست کا اہتمام کیا چنانچہ میں اپنے دل میں منوں شکریہ لے کر ایک بار پھر ان کے زیر بار آیا۔ دوسری شام جو اسلام آباد میں میری آخری شام بھی تھی، آفتاب صاحب نے اپنے گھر میں شعری نشست کا اہتمام کیا جس میں احمد ندیم قاسمی صاحب کی منہ بولی صاحبزادی محترمہ منصورہ احمد بھی تشریف فرما ہوئیں۔ مجھے دیکھتے ہی فرمانے لگیں ''بابا کو پتہ ہے کہ آپ پاکستان آئے ہوئے ہیں، لاہور کیوں نہیں آئے؟ بابا کو آپ سے اعتراض ہے''۔ میں نے اپنی مجبوری کی وضاحت کی، ان سے معافی مانگی اور ان سے وعدہ کیا کہ اگلی دفعہ اگر دورۂ پاکستان کا اتفاق ہوا تو سب سے پہلے لاہور جاؤں گا۔ دراصل میں احمد ندیم قاسمی صاحب کا بےحد احترام کرتا ہوں اور ان کی صحت مندی اور درازی عمر کے لئے دعا گو رہتا ہوں۔ انہوں نے نہ صرف اردو ادب کی گراں قدر خدمات انجام دی ہیں بلکہ سال ہا سال سے مجھے فنون کے پرچے بھیج کر میرے ادبی وشعری ذوق کی آبیاری بھی کی ہے۔ میں ان کا تہہ دل سے ممنون ہوں۔

''کیا آپ چینی بھی سمجھتے ہیں؟''

جولائی ۱۹۹۵ء میں قائد اعظم یونیورسٹی کے شعبہ کیمیا کے صدر ڈاکٹر محمد افضل نے چائنیز اکیڈمی آف سائنسز کی دعوت پر چین کا دورہ کیا۔ وہ سائنس دان ہونے کے علاوہ ایک اچھے شاعر بھی ہیں۔ انہوں نے بیجنگ کے شی یوان ہوٹل سے مجھے فون کیا۔ چونکہ وہ ہوٹل کے نام کا تلفظ صحیح طریقے سے ادا نہیں کرسکے، اس لئے میں نے گزارش کی کہ کسی بیرے سے بات کروائیں۔ بولے ''سارے بیرے چینی ہیں، کیا آپ بھی چینی سمجھتے ہیں؟'' میں نے عرض کیا میں نہ صرف چینی سمجھتا ہوں، بلکہ خود چینی ہوں۔ حیران ہوکر بولے۔ ارے آپ تو انتخاب عالم ہیں نا؟ کیسے چینی ہوگئے؟ میں نے وضاحت کی میں شروع ہی سے چینی ہوں۔ بس پہلے خالص وسالم چینی تھا بعد میں آدھا چینی اور آدھا پاکستانی ہوگیا۔

ڈاکٹر صاحب کی یہ خوبصورت غلط فہمی میرے لئے ایک دیرپا خوشی کا باعث بن گئی۔

براہِ راست

اگراس خیال سے اتفاق کرلیا جائے کہ فن اور فنکار کی کوئی حداور سرحد نہیں ہوتی تو جناب چانگ شی شوان عرف انتخاب عالم صاحب اس خیال پر نہ صرف پورا اترتے بلکہ اس کی عملی تصویر وتشہیر بن کرتن تنہا عظیم تر چین میں اردوادب کا علم تھام کر پوری دنیا کو''داغ'' کی زبان میں یہ بتلا اور جتلا رہے ہیں کہ:

اردو ہے جس کا نام ہمیں جانتے ہیں داغؔ
سارے جہاں میں دھوم ہماری زباں کی ہے

اس بات میں قطعاً کوئی شک وشبہ نہیں کہ جناب انتخاب عالم اپنی محنت اور لگن سے اردو ادب میں ایک منفرد مقام پر متمکن ہو چکے ہیں! زیرِ نظر اشاعت کا منشا ومقصود فقط یہ ہے کہ انتخاب عالم صاحب کے طویل علمی، ادبی اور شعری سفر کو مربوط شکل میں ادب کے تمام حلقوں تک اس طرح پہنچایا جائے کہ موجودہ وقت کے ساتھ آنے والے وقت میں بھی انتخاب صاحب کی نسبت تحقیقی، تنقیدی جستجو کے حامل احباب کو باہم سہولت دستیاب رہے!! ہماری کوشش اور کاوش کی کامیابی کا انحصار آپ کی وسعتِ نظر سے مشروط ہے!!!

گلزار جاوید

☆ اردو زبان وادب سے آپ کا تعارف کیونکر ہوا۔ اس تعارف کو تعلق بنانے کی غرض سے آپ کو کیا کیا جتن کرنا پڑے؟

☆☆ میں ستمبر ۱۹۶۰ء میں صحافت پڑھنے کے لیے چین کے بیجنگ براڈ کاسٹنگ انسٹی ٹیوٹ مین داخل ہوا۔ مارچ ۱۹۶۳ء کے اوائل میں یعنی شعبہ صحافت سے گریجویٹ سے سوا سال قبل انسٹی ٹیوٹ کی انتظامیہ نے بدلی ہوئی بین الاقوامی صورتِ حال کے پیش نظر حکومت چین کے ایما پر مجھے اردو سکھوانے کے لیے شعبۂ صحافت سے شعبۂ زبان ہائے غیر ملکی میں بھیج دیا جہاں میرا خاص مضمون اردو تھا۔ اس طرح اردو سے واسطہ ہوا جس سے پہلے میں نے اردو کا نام تک نہ سنا تھا۔ اردو کا کورس چار سال کا تھا۔ اردو کی یہ جماعت شروع میں نو طلبا پر مشتمل تھی جن میں سے چھ اسی انسٹی ٹیوٹ کے شعبہ صحافت سے اور باقی تین چائنا ریڈیو انٹرنیشنل کے شعبۂ انگریزی اور شعبہ ہندی سے آئے تھے۔ کچھ عرصہ بعد دو طلبا مختلف وجوہات کی بنا پر ہم سے بچھڑ گئے۔ ہمارے استاد کفیل احمد خان صاحب تھے۔ ستمبر ۱۹۶۷ء میں ہم فارغ التحصیل ہو کر چین کے مختلف سرکاری اداروں میں ملازم ہو گئے (اس زمانے میں چین میں سارے ادارے سرکاری یا اجتماعی تھے۔ نجی اور غیر ملکی ۱۹۷۸ء کے بعد نافذ ہونے والی اوپن پالیسی اور اصلاحات کی پیداوار ہیں) میں چین کے ایک سرکاری جریدے ''چائنا پکٹوریل'' کے نئے نئے قائم شعبہ اردو کا ایک کارکن بن گیا جس کا کام اردو ماہنامہ ''چین باتصویر'' نکالنا تھا۔ میں عمر بھر اسی شعبے سے وابستہ رہا۔ کام کے دوران ایک طرف اردو ادب پڑھتا رہا دوسری طرف بولنے لکھنے کی مشق کرتا رہا جس کا نتیجہ یہ برآمد ہوا کہ جہاں مجھے اردو پر رفتہ رفتہ عبور حاصل ہوتا گیا وہاں اردو ادب پڑھنے کا شوق بھی بڑھتا چلا گیا، ہوتے ہوتے اردو میں شعر گوئی کی خواہش دل میں کروٹیں لینے لگی۔ جب باقاعدہ غزل کہنے لگا تو اردو سے میرا سرسری تعارف ایک مستقل ومستحکم رشتے میں ڈھل گیا۔

☆ جب آپ اس زبانِ لطیف کی زلفوں کے اسیر ہوئے اس وقت چینی ادب سے آپ کا تعلق کس نوعیت کا تھا اور آج صورت حال کیا ہے؟

☆☆ جس وقت زلفِ اردو کا اسیر ہوا اس وقت میرا میلان چینی ادب کی طرف تھا کبھی کبھی شعر کہتا تھا۔ شاعری پڑھنے کا شوق مجھے بچپن سے ہے۔ میں نے بچپن میں اپنے دادا جو ایک دیہاتی معلم تھے کی نگرانی میں چینی شاعری پڑھنا شروع کی۔ اس دوران چینی علمِ عروض کا بھی سطحی سا مطالعہ کیا۔ بیجنگ براڈ کاسٹنگ انسٹی ٹیوٹ کے شعبۂ صحافت میں پڑھنے کے دوران ایک آدھ افسانہ بھی لکھ ڈالا۔ ایک دفعہ ہمارے مضمون نویسی کے پروفیسر جناب شی یوئی ہوا نے کلاس میں تمام طلبا کے سامنے میرے مضامین پر تبصرہ کرتے ہوئے فرمایا: ''چانگ شی شوان کا اپنا ایک خاص طرزِ تحریر بن چکا ہے''۔ بعد میں افسانہ نگاری کی کونپل کو پنپنے کا موقع میسر نہ آیا، بس کبھی کبھی شعر کہا کرتا ہوں۔

☆ حامد علی ہاشمی صاحب نے آپ کے چینی نام کے معنیٰ کب بتلائے اور آپ نے اس نئے نام کو کس طور اختیار کیا نیز آپ کے اس اردو نام کی چین میں قانونی حیثیت کیا ہے؟

☆☆ حامد علی ہاشمی مرحوم جولائی ۱۹۷۱ء سے مئی ۱۹۷۵ء تک مذکورہ بالا ماہنامے ''چین باتصویر'' میں غیر ملکی مدیر کے عہدے پر فائز رہے۔ یہ رسالہ چینی سمیت انیس زبانوں میں شائع ہوتا تھا۔ ہر زبان کا ایک شعبہ تھا۔ شعبہ اردو میں حامد علی ہاشمی مرحوم کے علاوہ چند چینی کارکن بھی تھے جن میں سے ایک میں تھا۔ چونکہ چینی نام یاد کرنا پاکستانی دوستوں کے لیے مشکل ہوتا ہے۔ اس لیے چین میں رہنے والے بیشتر پاکستانی دوست اپنے چینی ساتھیوں اور شاگردوں کا ایک ایک

اردو نام رکھنا پسند کرتے ہیں۔ چینیوں کے نام رکھنے کا آسان طریقہ ان کے چینی ناموں کا ترجمہ کرنا ہے۔ انتخاب عالم میرے ذاتی چینی نام کا اردو ترجمہ ہے جبکہ میرا خاندانی نام چانگ ہے۔ حامد علی ہاشمی مرحوم نے میرے چینی نام کا صحیح ترجمہ کیا جو بہت جلد چین میں مقیم پاکستانی دوستوں میں پھیل گیا۔ بعد میں جب میں نے غزل میں طبع آزمائی شروع کی تو عالم میرا تخلص بن گیا۔ چونکہ یہ نام چینی محکمۂ تحفظ عامہ میں رجسٹرڈ نہیں کیا گیا اس لئے پاسپورٹ، آئی ڈی کارڈ اور سرکاری دستاویزات میں یہ نہیں لکھا جاتا۔ گویا میرا یہ نام صرف پاکستانیوں، بھارتیوں اور اردو بولنے والے دوسرے افراد کے لئے مخصوص ہے۔

☆ آپ کی اردو دوستی کی نسبت اہلِ خانہ، اقرباء اور اہلِ وطن کس طرح کا حسنِ ظن رکھتے ہیں؟

☆☆ ہمارے اہلِ خانہ، اقرباء اور اہلِ وطن میری اردو دوستی کی نہ تو تعریف کرتے ہیں نہ ہی مخالفت۔ بس کبھی کبھی اظہارِ تعجب کرتے ہیں۔ ایک خالص چینی کا اردو میں شاعری کرنا نا قابلِ تصور!

☆ آپ کی حسِ مزاح اور چونچال طبیعت کے باعث بہت سے احباب آپ کو ٹھیٹھ لاہوریا گردانتے ہیں۔ اس کا مطلب خدانخواستہ یہ تو نہیں کہ عوامی جمہوریہ چین میں لاہور کی طرز کا کوئی زندہ دل شہر نہ ہے یا چینی لوگ حسِ مزاح سے بے بہرہ ہیں؟

☆☆ جیسا دیس ویسا بھیس۔ آپ کی منطق الٹی ہوگئی ہے۔ میری حسِ مزاح اور چونچال طبیعت اس بات کا ثبوت نہیں کہ چینی لوگ حسِ مزاح سے بے بہرہ ہیں بلکہ اس بات کا ثبوت ہے کہ چینی لوگ یا بہت سے چینی لوگ زندہ دل ہیں۔ انسان کے مزاج پر اپنے ماحول کی گہری چھاپ ہوتی ہے۔ لاہوریے صرف لاہور کی پیداوار ہیں۔ دراصل مزاح چینی لوگوں کی زندگی کا اہم جزوِ ترکیبی ہے۔ چین کے ٹی وی پروگراموں میں مزاحیہ پروگراموں کا تناسب خاصا زیادہ ہے۔ مزاح کے فنکار چینی تماشائیوں میں خاصے مقبول ہیں۔

☆ پروفیسر صاحب! اس اطلاع میں کہاں تک صداقت ہے کہ اس نئے تعلق کے بعد آپ خواب بھی اردو میں دیکھا کرتے ہیں۔ کس طرح کے ہوتے ہیں یہ خواب اور اُن کی تعبیر کیا ہوا کرتی ہے؟

☆☆ ایک زمانے میں چین میں مقیم پاکستانی سفارت خانے میں ضیغم محمود نام کے ایک کمرشل کونسلر تھے جن کا مزاحیہ کلام بہت پسند کیا جاتا تھا۔ ایک دفعہ ان کے دولت خانے میں ایک چھوٹی محفل منعقد ہوئی جس میں انہوں نے مجھ سے پوچھا ''چانگ صاحب، آپ خواب بھی اردو میں دیکھتے ہیں؟'' محفل میں شریک کسی یار نے ازراہِ محبت اس جملے کا سوالیہ نشان مٹا کر محفل سے باہر پھیلا دیا۔ رفتہ رفتہ یہ چین سے پھیل کر پاکستان میں پہنچ گیا اور ایک دوستانہ سوال پیار بھرے جواب کا روپ اختیار کر گیا۔ بہر حال یہ حقیقت ہے کہ مجھے اردو سے والہانہ محبت ہے جس کی بنا پر یہ مبالغہ آمیز خوبصورت افواہ پھیل سکی۔

☆ یہ تاثر اگر درست ہے کہ اردو ادب نے آپ سے بہت سی چینی روایات ترک کرادی ہیں تو ہم ترک کردہ چینی روایات کی بابت ضرور جاننا چاہیں گے؟

☆☆ اردو ادب نے صرف میری رات کو جلدی سو جانے کی عادت ترک کروادی ہے۔ رات کو جلدی سونا اور صبح سویرے جاگ کر اٹھنا عام چینیوں کی قدیم روایات میں سے ایک ہے جو صحت کے لیے بڑی مفید ہے۔

☆ جس سبب آپ سے دانستہ یا غیر دانستہ یہ عمل سرزد ہوا اُس زبان 'تہذیب اور ثقافت کے کچھ طور طریق بھی یقیناً آپ کے روزمرہ میں شامل ہونا چاہئیں؟

☆☆ اردو زبان وادب کے وسیلے سے پاکستانی تہذیب وثقافت کے کچھ طور طریق واقعی میرے روزمرہ میں داخل ہوئے ہیں۔ مثلاً عام چینی یاسمین ٹی یا گرین ٹی پینا پسند کرتے ہیں لیکن میں سبز چائے کے علاوہ پاکستانیوں کی طرح دودھ ملی بلیک ٹی بھی پیا کرتا ہوں۔ عام چینی تیز آنچ پر کم تیل میں جلدی تلی ہوئی سبزیاں اور اسی طریقے سے پکائی ہوئی گوشت کی بوٹیاں کھانا پسند کرتے ہیں لیکن میں ان کھانوں کے علاوہ کبھی کبھی گھر میں سالن، قیمے کے ساتھ مٹر، گرم مسالے کے ساتھ چکن اور آلو گوشت وغیرہ پاکستانی کھانے بھی پکایا کرتا ہوں جنہیں میرے علاوہ کچھ اہلِ خانہ بھی پسند کرتے ہیں جن میں سے میری بیٹی اور میرا پوتا پیش پیش ہیں۔

☆ ایک زمانے میں پورے چین کے اندر آپ اردو کے اکلوتے شاعر تھے۔ اب جب کہ وہ ننھا پودا گھنا شجر بن چکا ہے اُس کے ثمرات کہاں تک پھلے پھولے ہیں؟

☆☆ یہ صحیح ہے کہ ایک زمانے میں پورے چین میں راقم الحروف اردو کا واحد شاعر تھا، کچھ عرصے بعد معلوم ہوا کہ پاکستان میں مقیم سابق چینی سفیر جناب لوشولین بھی اردو میں شعر کہتے ہیں لیکن افسوس کہ ان کے بعد چین کی وسیع وعریض سرزمین کی حدود میں اردو کا کوئی نیا شاعر نظر نہ آیا۔

☆ اردو زبان کے کئی قد آور اہلِ قلم غزل کی نسبت کئی طرح کے تحفظات رکھتے اور اس صنف کو از کار رفتہ گردانتے ہیں اس کے باوجود آپ نے غزل سے عمر بھر کا رشتہ قائم کرلیا؟

☆☆ پسند اپنی اپنی ہوتی ہے۔ غزل اردو شاعری کی ایک قدیم صنف ہے۔ ٹھیک ہے کہ نظم کے مقابلے میں اس کی قوتِ اظہار ذرا کم ہے لیکن اس کی اپنی بہت سی خوبیاں بھی ہیں مثلاً اس کا ہر ایک شعر ایک مکمل مطلب ادا کرسکتا ہے۔ سامعین غزل کے ہر شعر کو سننے کے فوراً بعد ہی اس کے معنی سمجھ لیتے ہیں جبکہ نظم کے تمام اشعار باہم مل کر ایک مطلب ادا کرتے ہیں، اگر ان میں سے ایک مصرع کو نکال دیا جائے تو پوری نظم ناقص ہو جاتی ہے۔ پھر یہ کہ سامعین جب تک پوری نظم نہیں سن پاتے تب تک نظم ان کی سمجھ میں نہیں آسکتی۔ یہ ضروری

نہیں تمام پرانی چیزیں خراب اور تمام نئی چیزیں اچھی ہوں۔ مارکسی جدلیات کے مطابق ہر شے کے منفی اور مثبت دونوں پہلو ہوتے ہیں۔ ہر نئی چیز پرانی چیز سے پیدا ہوتی ہے۔ ماں کے بغیر بیٹا پیدا نہیں ہوتا۔ ماؤزے تنگ نے ۱۹۵۷ء میں چینی ادب وفن کو فروغ دینے کیلئے چینی ادیبوں اور فنکاروں کو یہ دعوت عمل دی ''قدیم چیزوں سے جدید چیزیں پیدا کرو اور سینکڑوں اقسام کے پھولوں کو ایک ساتھ کھلنے دو'' میرا خیال ہے یہ دعوت عمل ایک آفاقی اصول ہے اس لئے غزل کی تخلیق پر بھی صادق آتی ہے۔

☆ جدید دور میں اردو شاعری سے ناتا جوڑنے کے باوجود آپ کے ہاں اردو غزل کی پوری کلاسیکی روایت کیونکر در آئی؟

☆☆ ایک یہ کہ غزل کی اپنی بہت سی خوبیاں ہیں جنہیں میں پچھلے سوال کے جواب میں عرض کر چکا ہوں، دوسرے یہ کہ خربوزے کو دیکھ کر خربوزہ رنگ پکڑتا ہے۔ اردو کے ایک طالب علم کی حیثیت سے میں نے اردو کی جو شاعری پڑھی ہے اس کا بیشتر حصہ غزل پر مشتمل ہے۔ حقیقت یہ ہے کہ اردو ادب کی تاریخ بنیادی طور پر شاعری کی تاریخ ہے جبکہ شاعری کی تاریخ بنیادی طور پر غزل ہی کی تاریخ ہے۔ یہ کیسے ممکن ہے کہ کوئی شخص اکثر غزل پڑھا کرے اور اس سے متاثر نہ ہو۔

☆ ایک تاثر یہ ہے کہ آپ کی غزل پر ایک خاص نظریے کی چھاپ نمایاں نظر آتی ہے اُس نظریے اور آپ کی شخصیت پر اُس کے اثرات کی بابت تفصیل سے بتلایئے؟

☆☆ ادب کے بارے میں میرا نظریہ یہ ہے کہ اسے سماج کے بنیادی مسائل کی عکاسی کرنا محتاج طبقوں سے ہمدردی کا اظہار کرنا اور اپنے دل کی آواز سنانی چاہیے۔ میری غزلوں اور نظموں میں میرے دل کی دھڑکنوں کی گونج کے علاوہ دورِ حاضر کے کچھ مسائل کی جھلکیں بھی ملتی ہیں۔

☆ اگر یہ تاثر درست ہے کہ بیجنگ کے تئن مَن اسکوائر کے ایک واقعے نے آپ کی شاعری کو مہمیز دی ہے تو کیا یہ ایک اچھے چینی شہری کے لیے فخر کی بات ہونا چاہیے؟

☆☆ دنیا میں روز ایسے بہت سے واقعات رونما ہوتے ہیں جن سے لوگ متاثر ہوتے ہیں، شاعر اور ادیب بھی مستثنیٰ نہیں۔ میرا نظریہ یہ ہے کہ ہر ملک کے ہر اچھے شہری کو اپنے ملک کا خیال رکھنا چاہیے۔ اگر اس نے ایسا کیا تو اسے اپنے کئے پر فخر کرنا چاہیے۔

☆ کچھ لوگوں کے خیال میں آپ دانستہ طور پر نہایت دشوار ردیفیں استعمال کر کے اپنی مہارت ثابت کرنا چاہتے ہیں؟

☆☆ یہ محض ایک غلط قیاس ہے۔

☆ آپ کے ہاں ایک ہی وقت میں روایتی اسلوب اور نئے عہد کی دھوپ ساتھ چلتے دکھائی دیتے ہیں؟

☆☆ یہ بات کسی حد تک درست ہے۔ میری شاعری کا یہ گنگا جمنی رنگ اس لئے پیدا ہوا کہ میں شاعری کی روایتی صنف یعنی غزل میں اپنے زمانے کی نئی نئی باتیں کرتا ہوں۔

☆ فارسی علم العروض پر بھی آپ کی دسترس حیران کُن ہے یہ کمال کب' کہاں اور کیسے حاصل ہوا؟

☆☆ اردو کا علم العروض دراصل فارسی کا علم العروض ہے۔ مجھے بس مختلف بحروں میں شعر کہنا آتا ہے۔ نہ میں فارسی کے علم العروض پر حیران کن حد تک دسترس رکھتا ہوں نہ میں اپنے اس حقیر ہنر کو کوئی کمال سمجھتا ہوں۔ مجھے عروض سے جو تھوڑی واقفیت حاصل ہے وہ دو پاکستانی دوستوں کی عنایت ہے۔ ایک مظفر حسین رزمی مرحوم دوسرے راغب مرادآبادی صاحب۔ قصہ کچھ یوں تھا۔ ۱۹۷۶ء میں ماؤزے تنگ کا انتقال ہوا۔ ۱۹۷۷ء میں غیر ملکی زبانوں کے اشاعت گھر (بیجنگ) کے شعبہ اردو میں ملازم پاکستانی دوست مظفر حسین رزمی مرحوم نے ماؤزے تنگ کی نظموں کے انگریزی ترجمے کو اردو میں منتقل کیا۔ ۱۹۷۸ء میں غیر ملکی زبانوں کے اشاعت گھر ''چائنا پکٹوریل'' اور چائنا ریڈیو انٹر نیشنل تینوں اداروں کے شعبہ جاتِ اردو کے ایک ایک نمائندے اور رزمی صاحب پر مشتمل ایک چار افرادی گروپ قائم کیا گیا جس کا کام ماؤزے تنگ کی نظموں کے اردو ترجمے کی معنوی اعتبار سے جانچ پڑتال کرنا تھا۔ میں اس گروپ کا ایک رکن تھا۔ ''جانچ پڑتال'' کے دوران رزمی صاحب نے ہر نظم کی بحر بتائی اور ہم نے ہر مصرع کی تقطیع کی۔ جب پوری کتاب کے ترجمے کی جانچ ختم ہوئی تو میں شعر کہنے لگا۔ ۱۹۷۹ء میں میں اور پروفیسر آفتاب اقبال شمیم نے مل کر اس کتاب کے ترجمے پر آخری نظر ثانی کی۔ اس کام کے ختم ہونے پر میں نے آفتاب صاحب کو ایک نوحہ سنایا جو میری اردو میں شعر گوئی کا باقاعدہ آغاز بنا۔ ۱۹۸۸ء کے موسم سرما میں راغب مرادآبادی صاحب چین میں مقیم پاکستانی سفیر محمد اکرم ذکی کے مہمان کی حیثیت سے بیجنگ تشریف لائے اور انہی کے گھر میں ٹھہرے۔ ایک دفعہ وہ پاکستانی سفارت خانے کے کلچر اتاشی کے ساتھ میرے دفتر میں آ پہنچے۔ گھنٹہ ڈیڑھ گھنٹہ بیٹھے رہے اور کچھ فی البدیہہ شعر کہے۔ ایک ہفتہ بعد میں ہسپتال میں داخل ہوا۔ اس کے چند دن بعد موصوف کلچر اتاشی صاحب نے ترجمہ کرانے کے لیے راغب مرادآبادی صاحب کی کوئی انہتر ستر اردو نظمیں ہسپتال میں پہنچا دیں۔ میں نے بستر پر لیٹے لیٹے ان کا کام کیا جس کے عوض انہوں نے اردو علم العروض کے متعلق کچھ لکھ کر مجھے دیا جو میرے لئے مفید ثابت ہوا۔

☆ آپ کی نظموں کو فطرت کے قریب گردانا جاتا ہے اس طرح یہ نظمیں یک رُخی نہ کہلائیں گی؟

☆☆ کنفیشس نے کہا: شاعری سے جذبات کی ترجمانی ہوتی ہے۔ منظر نگاری کے پردے میں اپنے جذبے (محبت، نفرت، مخالفت وغیرہ) نظریے

یا کسی فلسفے کو ظاہر کرنا چینی شاعروں کا ایک اہم طریقۂ اظہار ہے۔ عظیم چینی شاعر سوشی (۱۰۳۷ء تا ۱۱۰۱ء) کی ایک ''جوئے جوئی'' (چینی شاعری کی ایک صنف جو دو شعروں پر مشتمل ہوتی ہے) دیکھئے۔ اس کا عنوان ہے ''شی لین مندر کی دیوار پر نوشتہ نظم'' اس نظم کا ترجمہ کچھ یوں ہے:

بغل سے یہ ایک چوٹی کی طرح
سامنے سے پربتوں کا سلسلہ
نزدسے کچھ، دور سے کچھ
اوج سے کچھ، پستیوں سے کچھ لگا
کوہ لوشاں دیکھ کر بھی
اس کے اصلی رخ سے واقف نہ ہوا
ہے یہی اس کا سبب
اب ہوں میں اس میں کھڑا

شی لین مندر کوہ لوشان میں واقع ہے جس کے مختلف حصے مختلف ہیں۔ اس لئے یہ پہاڑ مختلف سمتوں سے مختلف نظر آتا ہے۔ پھر یہ کہ اس پہاڑ پر اکثر کہر چھائی رہتی ہے، جس کی وجہ سے اس کی اصلی صورت جاننا مزید مشکل ہو گیا ہے۔ لیکن اس پہاڑ کی حقیقی صورت دیکھنے میں جو رکاوٹ حائل ہوتی ہے وہ خاص طور پر دیکھنے والے کے پہاڑ کے اندر موجود ہونے سے پیدا ہوتی ہے۔ دراصل شاعر قارئین کو یہ بتانا چاہتا ہے کہ اگر آپ کا کسی واقعے سے تعلق ہے تو آپ کے لیے اس واقعے کی اصلیت جاننا مشکل ہوتا ہے۔

ماؤزے تنگ کی ایک چھی (چینی شاعری کی ایک صنف جو مختلف دھنوں میں لکھی جاتی ہے) دیکھئے۔ اس چھی کا عنوان ہے ''ثنائے گلِ آلوچہ'' جبکہ دھن کا نام ''بوسوان زی'' ہے۔ اس کا ترجمہ کچھ یوں ہے (چونکہ ماؤزے تنگ کی نظموں کے اردو ترجمے کی کاپی سرِ دست میرے پاس دستیاب نہیں۔ اس لئے میں نے اس نظم کا از سرِ نو ترجمہ کیا ہے:

فصلِ گل کو لائی واپس باد و باراں
اس کے استقبال کی خاطر پہنچی برف باری
اک کھڑی اونچی چٹاں پر جم گئی ہیں برف کی موٹی تہیں
پھر بھی شاخوں پر کھلے ہیں کچھ نہ کچھ خوش رنگ پھول

یہ بہاراں پر تصرف کی ہوس میں تو کھلے ہرگز نہیں
بلکہ فصلِ گل کی آمد کی خبر سب کو سنانے کو کھلے ہیں
جب پہاڑی پھول پر جانب مہک جائیں گے تو
مسکرائیں گے یہ ان کے درمیان

یہ نظم دسمبر ۱۹۶۲ء میں لکھی گئی تھی جب چین اور چینی کمیونسٹ پارٹی کے لیے بین الاقوامی صورتِ حال انتہائی خطرناک تھی۔ امریکہ کی سربراہی میں مغربی ممالک نے چین کو تقریباً پوری طرح گھیر رکھا تھا۔ سوویت یونین اور مشرقی یورپی ممالک جو پہلے چین کے دوست تھے بھی چین کے حریف بن گئے تھے، اسی سال چین اور اس کے پرانے دوست بھارت کے درمیان سرحدی جھڑپیں ہوئیں۔ ملک کی اندرونی صورتِ حال بھی انتہائی خراب تھی۔ مسلسل تین سال کی قدرتی آفات کے باعث پوری قوم تین سال سے فاقہ کر رہی تھی، اس کے باوجود سوویت یونین کا قرض چکانے پر مجبور تھی۔ چینی قوم اس انتہائی حالت میں کسی دشمن کے سامنے گھٹنے ٹیک دینے اور سر جھکا دینے کے بجائے پوری عزت اور وقار کے ساتھ کھڑی رہی، چینی کمیونسٹ پارٹی نے اپنی اس امید کو نہیں کھویا کہ ایک نہ ایک دن ساری دنیا عالمی انقلاب کی لپیٹ میں آ جائے۔ اس نظم میں شاعر نے گلِ آلوچہ سے چینی کمیونسٹ پارٹی اور چینی قوم کی تشبیہہ دی ہے۔ گلِ آلوچہ سردیوں کے آخر میں کھلتا ہے اس لئے اس پھول سے خطرے کے سامنے ثابت قدم رہنے والے کی تشبیہہ دی جاتی ہے اور اسے موسمِ بہار کا پیش خیمہ تصور کیا جاتا ہے۔

سوشی اور ماؤزے تنگ کی یہ دونوں نظمیں فطرت کے قریب ہیں۔ لیکن اک رخی ہونے کے بجائے تہ دار اور معنی خیز ہیں۔ اس لئے یہ نہیں کہہ سکتے کہ فطرت کے قریب ہونے سے نظم اک رخی ہو جاتی ہے۔ یہ الگ بات ہے کہ ممکن ہو میری نظمیں یک رخی ہوں۔

☆ پاکستان کے کتنے ملی نغمیں اور فلمی گیت آپ نے چینی زبان میں منتقل کیے اور کون سے زیادہ پسند کیے گئے؟

☆☆ پندرہ بیس ملی نغمے اور اتنے ہی فلمی گیت۔ کچھ فلمی گیت خاصے پسند کئے گئے۔

☆ غیر ملکی غنائی شاعری میں کن ممالک کی شاعری کا ترجمہ کیا اور زیادہ متاثر کس ملک کی شاعری سے ہوئے؟

☆☆ ''غیر ملکی غنائی شاعری کی لغت'' دراصل ایک شعری مجموعہ ہے، جس میں عرب ممالک، ایران، پاکستان، بھارت، انڈونیشیا، برما، تھائی لینڈ، فلپائن، سنگاپور، ویت نام، جاپان، کوریا، روس، سابق سوریت یونین، البانیہ، بلغاریہ، پولینڈ، سابق چیکوسلاواکیہ، رومانیہ، سابق یوگوسلافیہ، ہنگری، برطانیہ ان ممالک جہاں فرانسیسی زبان بولی جاتی ہے، اٹلی ان ممالک جہاں جرمن زبان بولی جاتی ہے۔ ہسپانیہ، لاطینی ممالک اور امریکہ کی غنائی شاعری شامل ہے۔ میں نے حصۂ پاکستان کی بیشتر نظموں کا ترجمہ کیا۔ اس کتاب میں شامل تمام نظمیں بہترین اور متاثر کن ہیں۔

☆ اردو کا عروض' منتخب ادب پارے' معلوماتِ پاکستان کی ترتیب و تدوین کن مقاصد کے تحت کی اور اُن سے استفادہ کی صورت کیا ہے۔

☆☆ ان تینوں کتابوں کی ترتیب کلاس میں طلبا کو پڑھانے کے لیے کی گئی ہے، اس لئے صرف چینی کمیونی کیشنز یونیورسٹی اور بیجنگ فارن اسٹڈیز

یونیورسٹی کے شعبہ اردو کے طلبا نے ان سے استفادہ کیا ہے۔

☆　انتخاب عالم صاحب! آپ کے علمی اور ادبی کام کو ناقدینِ اردو نے کس نظر سے جانچا اور پرکھا ہے؟

☆☆　ناقدینِ اردو نے بہت کم میرے ادبی وعلمی کام پر لکھا۔ جنہوں نے لکھا انہوں نے ازراہِ محبت اور مروّت ولحاظ کرتے ہوئے میرے علم وادبی کام کو سراہا ہے۔

☆　کبھی آپ کی مہم جو طبیعت نے تنقید کے کوہِ گراں سے ٹکرانے کی بابت غور نہیں کیا؟

☆☆　ایک طرف بقول آپ کے میری طبیعت قدرے مہم جویانہ ہے (شاید اس کی وجہ یہ ہے کہ میں نے چینی نژاد ہوتے ہوئے برِ صغیر کی زبان اردو میں شاعری کرنے کی جرات کی ہے) دوسری طرف میرا خیال ہے کہ میں خاصا قدامت پسند ہوں، کیونکہ میں غزل جیسی قدیم صنفِ سخن کو پسند کرتا ہوں۔ اسی قدامت پسندانہ مزاج نے مجھے ابھی تک ادبی تنقید کے کوہِ گراں سے باقاعدگی سے ٹکرانے نہیں دیا، بہر حال کبھی کبھی یومِ اقبال کے موقع پر بیجنگ میں مقیم پاکستان کالج میں منعقد ہونے والے سیمینار میں اقبال پر مضمون یا مقالہ پڑھا کرتا ہوں۔ پندرہ سال قبل ایک مقالہ بعنوان ''چینی اور اردو شاعری کا تقابلی جائزہ'' لکھا، ممکن ہے عنقریب ہی ترمیم وتصحیح کے بعد اسے ای میل کے ذریعے آپکی خدمت میں پیش کردوں۔

☆　آپ نے عظیم چینی رہنما ماؤزے تنگ کے کلام کا اردو میں ترجمہ کیا ہے۔ آپ کے خیال کے مطابق یہ عظیم سیاسی رہنما شاعر کس قد کاٹھ کے تھے؟

☆☆　میں پہلے بھی عرض کر چکا ہوں کہ ماؤزے تنگ کی نظموں کا ترجمہ مظفر حسین رزمی مرحوم نے کیا تھا۔ میں نے صرف ترجمے کی جانچ پڑتال اور نظر ثانی میں حصہ لیا تھا۔ ایمان کی بات یہ ہے اگرچہ ماؤزے تنگ عمر بھر قومی، فوجی، سیاسی اور نظریاتی امور میں مصروف رہنے کے باعث پُرگو شاعر نہیں تھے لیکن بڑے قدآور شاعر تھے۔ بہت کم چینی شاعران کے معیار تک رسائی حاصل کرسکتے ہیں۔ پھر یہ کمال ہے کہ بہت سے نظمیں لانگ مارچ، جاپانی جارحیت کے خلاف جنگِ مزاحمت اور جنگِ آزادی کے دوران گھوڑے پر سوار گنگنا کر لکھی تھیں۔ ۱۵ اگست ۱۹۴۵ء کو جاپانی جارح فوج شکست فاش کھا کر ہتھیار ڈالنے پر مجبور ہوگئی اور یوں جاپانی جارحیت کے خلاف چینی قوم کی جنگ مزاحمت ختم ہوگئی لیکن جلد ہی خانہ جنگی چھڑ گئی۔ خانہ جنگی بند کر کے پُرامن طریقے سے قومی تعمیر کرنے کے لیے ۱۹۴۶ء میں حکومتِ چین کے زیرِ اہتمام چین کی تمام سیاسی تنظیموں کے نمائندوں کی ایک سیاسی مشاورتی کانفرنس منعقد ہوئی جس میں چینی کومنتانگ پارٹی کے چیئرمین جیانگ کائی شیک اور چینی کمیونسٹ پارٹی کے چیئرمین ماؤزے تنگ دونوں شریک ہوئے۔ کانفرنس کے دوران کمیونسٹ پارٹی کی مرکزی کمیٹی نے ماؤزے تنگ کی ایک تازہ چھی شائع کی جس کا عنوان تھا ''برف باری''، ''چھین یوان چھون'' کی دھن میں لکھی گئی یہ چھی بعد میں بہت مشہور ہوئی (چھی چینی کلاسیکی شاعری کی ایک صنف ہے۔ جس کی کوئی سو مقررہ دھنیں ہوتی ہیں اور ہر دھن کا ایک نام ہے۔ ہر دھن میں لکھی جانے والی چھی کے مصرعوں کی تعداد، لمبائی اور اوزان متعینہ ہوتے ہیں) اس چھی نے ادبی وسیاسی حلقوں میں تہلکہ مچا دیا اور چینی انقلابیوں کی بڑی حوصلہ افزائی کی۔ جب جیانگ کائی شیک نے یہ چھی پڑھی تو بہت جلے اور کہا کہ اس چھی کا لہجہ بڑا شاہانہ ہے۔ چنانچہ انہوں نے اپنے کئی ادیب وشاعر دوستوں کو حکم دیا کہ وہ اسی دھن میں اور اسی عنوان پر ماؤزے تنگ کی چھی سے اچھی ایک ایک چھی لکھ کر شائع کریں، مگر کانفرنس ختم ہونے تک ماؤزے تنگ کی چھی سے اچھی کوئی چھی نہ لکھی گئی۔ سچ پوچھیئے تو آج تک اس دھن میں ماؤ کی چھی ''برف باری'' سے کوئی چھی نہیں لکھی گئی۔ اس چھی کی طرح ماؤزے تنگ کی بہت سی نظمیں چینی شاعری کے بہترین نمونے بن چکی ہیں اور چین میں زبان زدِ عام وخاص ہیں۔

☆　سُنا ہے! عظیم چینی رہنما چوئن لائی اعلیٰ ادبی ذوق کے حامل تھے۔ ہمارے قارئین کو اُن کی بابت بھی کچھ بتلایئے؟

☆☆　چواین لائی بے حد ذہین، لائق اور ہر دلعزیز شخصیت تھے۔ وہ نہ صرف اعلیٰ اوصاف، بلکہ اعلیٰ ادبی ذوق کے بھی حامل تھے۔ تقریباً بیس بائیس سال کی عمر میں جب وہ قومی آزادی کی راہ کی تلاش میں عازمِ جاپان ہوئے تو روانگی کے موقع پر ایک نہایت خوبصورت کلاسیکی نظم ''چھی لوئی''، لکھی (چینی شاعری کی ایک صنف جو چار شعروں پر مشتمل ہوتی ہے جبکہ ہر مصرع کے ساتھ چینی کیریکٹرز پر مشتمل ہوتا ہے۔) جس کے آج تک چینی لوگ رطب اللسان ہیں۔ چونکہ انہوں نے اپنی زندگی کا تمام وقت سیاست میں صرف کیا، اس لئے ادبی تحقیق نہیں کی، ورنہ وہ اعلیٰ پائے کے ادیب یا شاعر ہوتے۔

☆　گوتم بدھ، کنفیوشس اور لاؤزی کی نسبت اہلِ چین خاص عقیدت ومحبت رکھتے ہیں۔ چینی ادب وشاعری میں ان بڑے مفکروں کے حوالے سے کس قدر لکھا گیا ہے اور آپ کی ذاتی پوزیشن اس حوالے سے کیا ہے؟

☆☆　گوتم بدھ ساکیہ منی، کنفوشس اور لاؤزی (ساتویں یا چھٹی صدی ق م) تقریباً ایک ہی زمانے کے تین عظیم حکماء تھے۔ لاؤزی چونکہ شاہی خاندان کے وزیرِ آداب رہ چکے تھے۔ ایک کنفیوشس نے آداب کے بارے میں ان سے تحصیلِ علم کی تھی۔ گوتم بدھ مت کے، لاؤزی تاؤ مت کے اور کنفیشس کنفیوشزم کے بانی تھے۔ ۶۷ء میں بدھ مت چین میں متعارف ہوا اور جلد ہی پھیل گیا۔ بعد میں اسلام اور عیسائیت بھی یکے بعد دیگرے چین میں متعارف ہوئے۔ اہلِ چین کنفیشس اور مذکورہ چاروں مذاہب کے بانیوں کو عقیدت کی نگاہ سے دیکھتے ہیں۔ چینی زبان سے مراد چین کی ہان زبان ہے جو چین کی ہان قومیت کی زبان ہے۔ ہان زبان کی شاعری پر کنفیوشس، لاؤزی اور گوتم بدھ تینوں کی تعلیمات کے اثرات ملتے ہیں، جن میں سے کنفیوشزم کی چھاپ سب

سے نمایاں ہے۔تمام چینی دانشوروں کی طرح میری شاعری اورفکر پر بھی کنفیوشزم کے نشانات نمایاں اور گہرے ہیں۔

☆ عوامی جمہوریہ چین میں تعلیمی تناسب کیا ہے۔چین کی نوجوان نسل کن علوم کی جانب ذوق شوق رکھتی ہے اورفنونِ لطیفہ سے اُن کی رغبت کا تناسب کیا ہے؟

☆☆ سرکاری اعداد وشمار کے مطابق گزشتہ تیس سال کے دوران چینی معیشت کی ترقی کے ساتھ ساتھ شرحِ تعلیم بھی بلند ہوتی رہی۔ پورے ملک میں نوسالہ لازمی تعلیم کی شرح ۲۰۰۹ میں ۹۵ فیصد سے تجاوز کر چکی ہے،نوجوان اور ادھیڑعمر کے لوگوں میں شرحِ خواندگی ۵ فی صد سے نیچے گرگئی ہے۔ یونیورسٹیوں میں داخلے کی شرح ۲۱ فیصد ہے۔نوجوان نسل سائنس اور معاشیات پڑھنے کا زیادہ شوق رکھتے ہیں،فنونِ لطیفہ میں دلچسپی لینے والے نوجوان نسبتاً کم ہیں۔

☆ چین کی کتنی درسگاہوں میں عالمی لسانیات پڑھانے کا انتظام ہے۔ خاص کر اردو زبان کے حوالے سے صورتحال کیا ہے؟

☆☆ لسانیات کے معنی زبانوں کے بجائے زبانوں کے متعلق علم ہیں۔ عالمی زبان سے مراد وہ زبان ہے جو ساری دنیا میں بولی جاتی ہو۔اس معیار کے مطابق صرف انگریزی عالمی زبان کہلاسکتی ہے۔ چین کی تقریباً تمام درسگاہوں میں انگریزی پڑھائی جاتی ہے جن میں پرائمری اسکول، مڈل اسکول، کالج اور یونیورسٹیاں شامل ہیں،بعض درسگاہوں میں انگریزی کو ایک مضمون کے طور پر پڑھایا جاتا ہے،بعض درسگاہوں میں انگریزی کا انسٹی ٹیوٹ یا شعبہ ہے، جبکہ بعض درسگاہوں میں صرف انگریزی، فرانسیسی، روسی، جرمن، جاپانی، ہسپانوی، عربی وغیرہ غیرملکی زبانیں پڑھائی جاتی ہیں۔ چین کی چار یونیورسٹیوں میں اردو کا شعبہ ہے اوران میں اردو کا بنیادی کورس چار سالہ ہوتا ہے، جبکہ ان میں سے ایک یعنی بیجنگ یونیورسٹی میں اردو کی ایم اے اور پی ایچ ڈی تک تعلیم بھی ہوتی ہے۔

☆ اردو پڑھنے والے طلباء کی تعداد اوراُن کی ترجیحات میں اُردو کے انتخاب کی بابت آگاہ کیجیے؟

☆☆ مذکورہ بالا یونیورسٹیوں میں تقریباً ہر چار سال کے بعد اردو کی ایک جماعت کا داخل ہوتا ہے اور ہر جماعت کم از کم دس اور زیادہ سے زیادہ سو طلباء وطالبات پر مشتمل ہوتی ہے۔ جب ایک جماعت گریجویٹ ہوتی ہے تو دوسری جماعت داخل ہوتی ہے۔کبھی کبھار بیجنگ یونیورسٹی میں تین سال کے بعد نئے طالب علموں کا داخلہ ہوتا ہے۔

چین ایک ترقی پذیر ملک ہے۔ اگر چہ یہ گزشتہ تیس پینتیس سال سے خاصی تیز رفتاری سے ترقی کر رہا ہے اوراس کی مجموعی قومی پیداوار کی مالیت دنیا بھر میں امریکہ کے بعد سب سے زیادہ ہے،لیکن آبادی بہت زیادہ ہونے کی وجہ سے اس کے عوام کا معیارِ زندگی ابھی بھی بہت پست ہے اور دنیا کے تمام ممالک میں چینیوں کی فی کس اوسط آمدنی نمبر ننانوے پر ہے۔ اس لئے یونیورسٹیوں کے بیشتر طالب علم ان مضامین کو ترجیح دیتے ہیں جنہیں پڑھ کر اچھی سی نوکریاں مل سکیں تا کہ اپنی اوراپنے خاندان کی زندگی بہتر بنا سکیں۔ یہی وجہ ہے مضامین کے انتخاب میں اردو کو ترجیح دینے والے طلباء خال خال ہیں۔

☆ اردو کے قاری کی سہولت کے لیے چینی شاعری کی اصناف اوراُن کے برتاؤ کی بابت کچھ روشنی ڈالیۓ؟

☆☆ چینی شاعری سے مراد چین کی ہان زبان کی شاعری ہے۔ یہ زبان چین کی قومی زبان بھی ہے۔ چینی زبان وادب کی تاریخ بہت طویل ہے۔ چینی شاعری کی کئی اصناف ہیں جن کی اپنی اپنی ہیئت اور اپنا اپنا ارتقائی عمل ہے۔

(۱) گیت: گیت چینی شاعری کی ابتدائی شکل ہے۔ چینی شاعری کا پہلا مجموعہ کنفیوشس کی مرتب کردہ ''شاعری کی کتاب'' ہے جس کا ایک تہائی حصہ لوک گیتوں پر مشتمل ہے۔ لوک گیت ہر تاریخی دور میں شاعری کی ایک اہم صنف رہا۔شاعری کے تخلیق کردہ گیتوں پر لوک گیتوں کے اثرات نمایاں ہیں۔ لوک گیتوں اور شاعروں کے تخلیق کردہ گیتوں کی مشترکہ خصوصیات یہ ہیں: ان کے مصرعے چھوٹے اور برابر ہوتے ہیں، مصرعوں کی تعداد مقرر نہیں ہوتی، زبان عام فہم ہوتی ہے، قافیے باندھے جاتے ہیں اور موسیقیت نمایاں ہوتی ہے۔

(۲) چھوچھی: شاعری کی یہ صنف برسرِ پیکار ریاستوں کے دور اور مغربی ہان شاہی دور میں رائج رہی۔ اس کے نمائندہ شاعر چینی ادب کی تاریخ کے پہلے عظیم شاعر چھوئی یوان تھے۔ ''چھوچھی'' سے مراد ریاست چھو کی شاعری ہے۔ اس صنفِ سخن پر ریاست چھو کے لوک گیتوں کا اثر نمایاں ہے۔ اس کے مصرعے نسبتاً لمبے ہوتے ہیں، ہر نظم میں مصرعوں کی تعداد معین نہیں ہوتی، قافیے باندھے جاتے ہیں۔ بیشتر نظمیں غنائی ہیں اور زیادہ تر مصرعوں میں ایک چینی کریکٹر ''ہی'' استعمال ہوتا ہے۔

(۳) یوئے فو (محکمۂ موسیقی) گیت: برسرِ پیکار ریاستوں کے دور کے بعد آنے والے بہت سے شاہی ادوار میں سرکاری محکمہ موسیقی ہوتا تھا جس کا کام لوک گیت جمع کرنا، ان کی بنیاد پر مختلف مواقع پر گائے جانے والے نئے گیت لکھنا اور گیتوں کے لئے دھنیں تیار کرنا تھا۔ بہت سے قدیم شعراء انہی گیتوں کے نمونے پر شعر کہتے تھے۔ یوں یوئے فو گیت چینی شاعری کی ایک اہم صنف کی حیثیت اختیار کر گیا۔اس صنفِ شاعری پر لوک گیتوں کے اثرات واضح ہیں۔ مصرعے چھوٹے ہوتے ہیں، زبان سہل ہوتی ہے، موسیقیت نمایاں ہوتی ہے، مصرعوں کی تعداد معین نہیں ہوتی۔

(۴) فو: یہ چھوچھی سے ملتی جلتی ایک صنفِ سخن ہے لیکن اس میں کیریکٹر ''ہی'' کا استعمال نہیں ہوتا۔ اس کی دو قسمیں ہیں ایک قسم کو ''پیان فو'' یا ''لوئی فو'' کہتے ہیں جس کے مصرعوں کی لمبائی معین ہوتی ہے، لیکن تعداد مقررہ نہیں ہوتی۔ اس قسم کی فو میں قافیے باندھے جاتے ہیں۔ دوسری قسم کی فو کو ''وین فو'' یا ''سان فو'' کہتے ہیں جو اصل میں ایک طرح کی نثر ہے۔ فو کا آغاز برسرِ پیکار ریاستوں

کے دور میں ہوا۔ ہان دور میں یہ اپنے عروج پر پہنچا۔

(۵) لوئی شی: چینی شاعری کی یہ صنفِ تھانگ شاہی عہد کی ایجاد تھی اور اسی عہد میں اپنے عروج پر پہنچی۔ یہ کلاسیکی چینی شاعری کی ایک اہم ترین صنف ہے جو چار شعروں پر مشتمل ہوتی ہے۔ لوئی شی کی دو قسمیں ہیں۔ ایک قسم کی لوئی شی کو چھی لوئی کہتے ہیں جس کا ہر مصرع سات چینی کریکٹرز پر مشتمل ہوتا ہے۔ دوسری قسم کی لوئی شی کو وولوئی کہتے ہیں جس کا ہر مصرع پانچ چینی کریکٹرز پر مشتمل ہوتا ہے۔ دونوں قسم کی لوئی شی کے پہلے، دوسرے، چوتھے، چھٹے اور آٹھویں مصرعے میں قافیہ باندھنا لازمی ہوتا ہے۔ دوسرے اور چوتھے شعر کے دونوں مصرعوں کے دو ہم مقام کریکٹرز یا الفاظ ایک ہی نوع کے ہوتے ہیں (مثلاً دونوں اسم، دونوں صفت، دونوں فعل ہوں) معنی کے اعتبار سے دونوں باہم متضاد (مثلاً اچھا اور برا، اونچا اور نیچا، آنا اور جانا) یا ہم پلّہ (مثلاً زمین اور آسمان، مہمان اور میزبان، باد و باراں) ہوتے ہیں۔ ہر شعر کے دونوں مصرعوں کے ہر دو ہم مقام کریکٹرز کے سُر ایک دوسرے کے برعکس ہوتے ہیں (چینی کریکٹرز کے چار سُر ہیں۔ پہلے اور دوسرے سروں کو "پھینگ شینگ" یعنی ہموار سُر کہتے ہیں، جبکہ تیسرے اور چوتھے سُروں کو "زے شینگ" یعنی ناہموار سُر کہتے ہیں)۔ چھی لوئی میں ہر شعر کے مصرعِ ثانی کے پہلے چار کریکٹرز (وولوئی میں پہلے دو کریکٹرز) اور نچلے شعر کے مصرعِ اول کے پہلے چار کریکٹرز (وولوئی میں پہلے دو کریکٹرز) کے سُر یکساں ہوتے ہیں، جبکہ دونوں مصرعوں کے آخری تین ہم مقام کریکٹرز کے سُر ایک دوسرے کے برعکس ہوتے ہیں۔

چھی لوئی اور وولوئی کے علاوہ لوئی شی کی ایک اور قسم ہے جسے پھائی لوئی (مسلسل لوئی شی) کہتے ہیں۔ اس قسم کی لوئی شی کچھ زیادہ شعروں پر مشتمل ہوتی ہے۔ عام طور پر لوئی شی سے مراد چھی لوئی اور وولوئی ہوتی ہے۔

(۶) جوئے جوئی: جوئے جوئی سے مراد قطعہ ہے، یعنی یہ لوئی شی کا کٹا ہوا حصہ ہے یہ دو شعروں پر مشتمل ہوتی ہے۔ اس کی بھی دو قسمیں ہیں۔ ایک قسم چھی جوئے ہے جس کا ہر مصرع سات چینی کریکٹرز پر مشتمل ہوتا ہے۔ دوسری قسم وو جوئے ہے جس کا ہر مصرع پانچ چینی کریکٹرز پر مشتمل ہوتا ہے۔ وزن کے لحاظ سے جوئے جوئی آدھی لوئی شی جیسی ہے، لیکن یہ ضروری نہیں کہ ہر شعر کے دونوں مصرعوں کے ہم مقام کریکٹرز زیادہ الفاظ ہم نوع اور باہم تضاد یا ہم پلّہ ہوں۔ لوئی شی کی طرح جوئے جوئی بھی تھانگ شاہی عہد کی ایجاد تھی اور یہ بھی اسی دور میں اپنے عروج پر پہنچ گئی۔

(۷) چھی: چھی کو سونگ چھی بھی کہتے ہیں۔ لوئی شی اور جوئے جوئی کی طرح یہ بھی چین کی کلاسیکی شاعری کی ایک اہم صنف ہے۔ یوں تو چھی لکھنے کا آغاز تھانگ عہد میں ہوا مگر یہ سونگ عہد میں اپنے عروج پر پہنچی، اس لئے یہ سونگ چھی بھی کہلاتی ہے۔ یہ چھوچھی سے بالکل مختلف صنفِ سخن ہے۔ اس کی سو سوا سو مقررہ دھنیں ہوتی ہیں جن کا اپنا اپنا نام ہے۔ ہر چھی دو بندوں پر مشتمل ہوتی ہے۔ ہر بند کے مصرعوں کی تعداد، لمبائی اور اوزان متعینہ ہوتے ہیں۔

(۸) چھوئی: یہ صنفِ سخن یوان شاہی خاندان کے عہدِ حکومت میں لکھی جانے لگی اور اسی دور میں اپنے عروج پر پہنچ گئی، اسی لئے اسے یوان چھوئی بھی کہتے ہیں۔ اس کی دو قسمیں ہیں۔ ایک قسم سان چھوئی ہے جسے کوئی گلوکار یا گلوکارہ کسی ساز کی سنگت کے بغیر اکیلے گا سکتی ہے۔ سان چھوئی کی بھی دو قسمیں ہیں: ایک قسم شیاؤ لینگ (متفرق چھوئی) ہے دوسری قسم سان تھاؤ ہے جو کئی چھوئیوں کا مکمل سیٹ ہوتی ہے۔ یوان چھوائی کی دوسری قسم جوئی چھوئی یعنی اوپیرا کی چھوئی ہے۔ ہر اوپیرا میں بیسیوں جوئی چھوئیاں شامل ہوتی ہیں جنہیں اوپیرا کے مختلف کردار سازوں کی سنگت کے ساتھ ساتھ گاتے ہیں۔ یوان چھوئی کی مختلف دھنیں ہوتی ہیں۔ ہر دھن میں لکھی جانے والی چھوئی کے مصرعوں کی لمبائی، تعداد اور اوزان مقررہ ہوتے ہیں اور قافیے باندھے جاتے ہیں۔

(۹) دوئی لیان: دولیان سے مراد شعر ہے۔ یہ چینی شاعری کی ایک خصوصی صنف ہے۔ یہ شعر جشنِ بہار، شادی، جنازے، سالگرہ اور اہم تقریبات کے موقع پر دروازے کے دونوں اطراف یا ستونوں پر چسپاں کاغذ کے مستطیل نما پرچوں پر لکھے جاتے ہیں۔ بہت سے مکانوں، دکانوں، مندروں، درسگاہوں، عجائب خانوں، مقابروں اور یادگار عمارتوں وغیرہ کے دروازوں پر اکثر دولیان نوشتہ یا کندہ دکھائی دیتے ہیں۔ دوئی لیان کے دونوں مصرعوں میں شامل کریکٹرز کی تعداد برابر ہوتی ہے، ہم مقام کریکٹرز یا الفاظ ایک ہی نوع کے ہوتے ہیں جو معنی کے اعتبار سے باہم متضاد یا ہم پلّہ ہوتے ہیں، جبکہ ان کے سُر ایک دوسرے کے برعکس ہوتے ہیں۔ چین میں دوئی لیان لکھنے کا رواج بہت پرانا ہے، مینگ شاہی خاندان کے عہدِ حکومت میں اس کی تخلیق اپنے عروج پر پہنچ گئی۔

(۱۰) آزاد نظم: پچھلی صدی کے دوسرے عشرے میں یورپی ثقافت، فن، ادب اور افکار و نظریات چین میں زور و شور سے متعارف ہونے لگے جن کے زیر اثر چین میں نئی ثقافت کی ایک پرزور تحریک چل گئی۔ اس تحریک کا ایک اہم واقعہ چار مئی ۱۹۱۹ء کو بیجنگ میں برپا ہونے والی "چار مئی تحریک" ہے۔ نئی ثقافت کی تحریک میں سامراجیت اور جاگیرداریت کے خلاف نعرے بلند کئے گئے جمہوریت کی تبلیغ کی گئی اور سائنس کے فروغ کا پروپیگنڈہ کیا گیا۔ زبان و ادب کی دنیا میں مشکل پرانی زبان کے بجائے عام فہم زبان میں ادب تخلیق کرنے کی ترغیب دی گئی۔ آزاد نظم کی ظہور پذیری اسی تحریک کی مرہونِ منت ہے۔ چینی زبان کی آزاد نظم کے مصرعوں کی لمبائی اور تعداد مقررہ نہیں ہوتی، کچھ نظموں میں ڈھیلے ڈھیلے قافیے باندھے جاتے ہیں، کچھ میں بالکل نہیں۔ اوزان کی بھی کوئی پابندی نہیں ہوتی۔ شعریت، موسیقیت، زبان و بیان کی نزاکت اور مضمون کی جدّت و ندرت آزاد نظموں کی جان ہیں۔

دورِ حاضر میں چین کے بیشتر نوجوان اور ادھیڑ عمر کے شعراء آزاد نظمیں لکھتے ہیں، جبکہ عمر رسیدہ شعراء لوئی شی، جوئے جوئی اور چھی لکھنا پسند

کرتے ہیں، کچھ شعراء کلاسیکی اور آزاد نظمیں لکھتے ہیں۔

☆ چینی شاعری اور نثر کا معیار اور موضوعات نیز چینی ادب کے تراجم کی صورتحال کیا ہے؟

☆☆ چین شاعری کا دیس ہے۔ چینی شاعری کی تاریخ ڈھائی ہزار سال پرانی ہے۔ اس نے تاریخ کے مختلف ادوار میں مختلف ارتقائی منازل طے کرتے ہوئے طرح طرح کی اصناف ایجاد کیں، لاکھوں شان دار نظمیں پیش کیں اور سیکڑوں عظیم شعراء کو جنم دیا۔ چینی شاعری کا معیار ہمیشہ سے بہت بلند رہا، خاص طور پر تھانگ اور سونگ ادوار میں یہ تقریباً سات سو سال تک اپنے عروج پر قائم رہی۔ افسوس کے موجودہ دور میں چینی شاعری کی حالت زیادہ حوصلہ افزا نہیں ہے۔ نثر کی حالت ذرا بہتر ہے۔ چینی شاعری کے موضوعات ہمیشہ سے عشق و محبت، حب الوطن، انصاف وصداقت، غریبوں سے ہمدردی وغیرہ ہیں۔ افسانہ نگاری اور ناول نگاری کا آغاز مینگ شاہی خاندان کے عہد حکومت میں افسانہ نگاری اور ناول نگاری نے چینی میدان ادب میں نظم گوئی اور اوپیرا نگاری کی جگہ لی۔ ''تین سلطنتوں کا رومانس''، ''دلدل کے ہیرو'' اور ''مغرب کی یاترا'' جیسے عظیم شاہکار مینگ عہد کی یادگار ہیں، جبکہ چھینگ عہد کے شاہکاروں ''ایوانِ احمر کا خواب''، ''لیاؤ جائے کی کہانیاں'' اور ''دانشوروں کی سنی سنائی کہانیاں'' وغیرہ نے ناول نگاری اور افسانہ نگاری کے جدید فنی معیار تک رسائی کر لی۔ سچ تو یہ ہے کہ چینی زبان میں اب تک ''ایوانِ احمر کا خواب'' سے بہتر کوئی ناول نہیں لکھا گیا۔ چینی ناولوں اور افسانوں کے موضوعات ہمیشہ سے سماجی مسائل رہے ہیں۔ یکم اکتوبر ۱۹۴۹ء کو عوامی جمہوریہ چین کے قیام کے سیاسی، معاشی اور سماجی حالات کے ساتھ ساتھ بدلتے رہے۔ چینی ادب کے موضوعات میں جو تبدیلیاں رونما ہوئی ہیں، وہ خاص طور پر یہ ہیں: شہری زندگی دیہی زندگی کی جگہ لے رہی ہے۔ سیاسی و نظریاتی رنگ ہلکا ہو رہا ہے، تفریحی رنگ گہرا ہو رہا ہے اور عشق و محبت پر پہلے سے زیادہ زور دیا جا رہا ہے۔ غیر ملکی زبانوں میں چینی ادب کے تراجم بہت کم ہیں۔

☆ وقت اور حالات کے بدلتے مزاج کے ساتھ چینی ادب میں کس قسم کا ارتقائی عمل نمو پذیر ہونے کے امکانات ہیں اور کیا اردو ادب میں بھی اُس کے اثرات تلاش کیے جاسکتے ہیں؟

☆☆ گذشتہ جوابات میں علی الترتیب چینی شاعری اور نثر کے تاریخی ارتقائی عمل پر سرسری روشنی ڈالی جا چکی ہے۔ اب حالیہ تین عشروں کے چینی ادب کے ارتقائی عمل پر ایک طائرانہ نظر ڈالی جائے گی۔

(۱) گذشتہ تیس سالوں میں چینی ادب ارتقاء کے تین ادوار سے گزرا۔ پہلے دور کے ادب کو ''نئے دور کا ادب'' کہتے ہیں۔ اکتوبر ۱۹۴۶ء میں دس سالہ پُر آشوب ثقافتی انقلاب ختم ہوا، اس کے بعد اس انقلاب کی غلطیوں کی تصحیح کی گئی، اس دوران پیدا ہونے والے مسائل حل کئے گئے۔ پھر اصلاحات اور اوپن پالیسی نافذ کی گئی۔ اس دور کے چینی ادب میں ان اہم سیاسی وسماجی تحریکوں کی بھرپور عکاسی کی گئی تھی۔ دوسرے دور کے ادب کو ''نویں عشرے کا ادب'' کہتے ہیں جس میں چین میں ظہور پذیر مارکیٹ اکانومی کی بھرپور عکاسی کی گئی تھی۔ اگر ''نئے دور کے ادب'' میں نظریاتی اور سیاسی رنگ گہرا تھا تو اس دور کے ادب میں زر و دولت کی بُو تیز تھی۔ تیسرے دور کے چینی ادب کو ''نئی صدی کا ادب'' کہتے ہیں جس کا مرکزی موضوع شہری زندگی ہے، جبکہ نئے چین کے قیام کے عمل میں آنے کے بعد سے پچھلی صدی ختم ہوتے تک دیہی زندگی ہی چینی ادب کا اہم ترین موضوع رہی۔

نئے دور کے چینی ادب کا ایک اہم جزو ترکیبی انٹرنیٹ ادب ہے جو پہلے کبھی دیکھنے میں نہیں آیا تھا۔ اس دور کے لکھنے والوں میں غیر پیشہ ور یا شوقیہ نوجوان قلم کاروں کا بہت زیادہ اضافہ ہوا۔ اپنی تصانیف کو فلمانا یا ٹی وی پروگرام بنوانا بہت سے مصنفین کی کوشش ہے۔ مختصر افسانے (یا افسانچے) اور کہانیاں طویل وضخیم ناولوں سے زیادہ مقبول ہیں۔ ادب میں نظریات کے اثرات کم اور تفریح کے عناصر زیادہ ہوگئے ہیں۔

چینی ادب میں رونما ہونے والی تبدیلیاں چینی معاشرے کی تبدیلیوں کا ناگزیر نتیجہ ہیں۔ چونکہ جدید چینی ادب کا اردو میں بہت کم ترجمہ کیا گیا ہے، اس لئے اردو ادب پر اس کا کوئی اثر نظر نہیں آتا۔

☆ عوامی جمہوریہ چین میں سرکاری اور عوامی سطح پر پاکستان اور اردو سے تعلقات کی نوعیت کیا ہے؟

☆☆ عوامی جمہوریہ چین میں سرکاری اور عوامی دونوں سطحوں پر پاکستان کو بہترین ہمسایہ اور دوست ملک اور پاکستانی عوام کو بھائی اور وفادار ساتھی سمجھا جاتا ہے، دونوں سطحوں پر پاکستان کا خیال رکھا جاتا ہے یعنی چینی حکومت اور چینی عوام دونوں پاکستان کی ترقی وخوش حالی کے لیے دعا گو ہیں، دونوں پاکستان کی مشکلات کو اپنی ہی مشکلات سمجھتے ہیں، دونوں وقتِ ضرورت پر پاکستانی حکومت کی دست گیری کے خلوصِ دل سے شکر گزار ہیں اور دونوں کو چین پاک دوستی بے حد عزیز ہے۔ حکومتِ چین اردو کی تعلیم پر بڑی توجہ دیتی ہے اور وقت کے ساتھ ساتھ اس توجہ میں اضافہ ہوتا رہا ہے، لیکن پھر بھی اردو پڑھنے والے طلباء کم ہیں۔

☆ چلیے! اس سوال کو ایک اور طرح سے لیتے ہیں۔ اشتراکی چین اور اسلامی جمہوری پاکستان دوستی کے گہرے رشتے میں بندھے ہیں اگر آپ سے دونوں ممالک کی دوستی کے غیر جانبدارانہ تجزیے کی درخواست کی جائے تو آپ کا فرمان کیا ہوگا؟

☆☆ اشتراکی چین اور اسلامی جمہوری پاکستان نے سچی دوستی کے گہرے رشتے میں بندھ کر ساری دنیا کے سامنے یہ بات ثابت کر دی کہ مختلف نظریاتی اور سماجی نظاموں کے حامل ممالک نہ صرف پرامن طریقے سے مل کر رہ سکتے ہیں بلکہ ایک دوسرے کے بہترین دوست بن سکتے ہیں۔ اگر دوستی خلوص،

محبت، انصاف اور مساوات کی بنیاد پر قائم ہو تو نظریات، مذاہب اور سماجی نظام اس کی راہ میں حائل نہیں ہو سکتے۔ تاریخ گواہ ہے اور زمانہ شاہد ہے کہ چین اور پاکستان کی دوستی ایسی ہی خالص، پاکیزہ اور مقدس دوستی ہے۔ دوست وہ جو وقت پر کام آئے۔ ۱۹۵۱ء میں چین پاک سفارتی تعلقات کے قیام کے عمل میں آنے کے بعد چین اور پاکستان ہمیشہ ایک دوسرے کی مدد اور ایک دوسرے سے تعاون کرتے چلے آئے ہیں۔ چین پاک دوستی جہاں دونوں ممالک کے عوام کے لیے باعثِ فخر ہے وہاں دوسرے ممالک کے لیے قابلِ تقلید بھی ہے۔ اگر دنیا کے تمام ممالک چین اور پاکستان کی طرح پر امن اور دوستانہ طریقے سے مل کر رہتے تو جنگ کی تیاری نہیں ہوتی جس سے بہت پیسے بچ جاتے۔ اگر ان پیسوں سے غریب محتاج لوگوں کی مدد کی جاتی تو ہماری دنیا میں بھوک نہیں رہتی۔ اگر جنگ نہیں ہوتی تو لوگوں کی قیمتی جانیں گولہ بارود سے تلف نہیں ہوتیں اور ہماری دنیا میں یتیم بچے، بے یارومددگار بیوائیں اور بے وارث ضعیف العمر والدین نہیں ہوتے۔ میری دعا ہے کہ چین پاک دوستی تا ابد قائم و دائم رہے اور اس کے اثرات دنیا بھر میں پھیلتے چلے جائیں۔

☆ پاکستان میں آپ کا قیام کب کب اور کتنے عرصے پر محیط رہا۔ پاکستانی لوگوں خاص طور سے اہلِ قلم کی خامیوں اور خوبیوں کی بابت آپ کی دیانت دارانہ رائے بہت کارآمد ہو سکتی ہے؟

☆☆ پاکستان میں میرا قیام مختلف سالوں میں مختلف عرصوں پر محیط رہا۔ ہر دفعہ قیام کے آغاز و انجام کی ٹھیک تاریخیں یاد نہیں رہیں، اندازاً پہلی دفعہ دسمبر ۱۹۸۰ء تا دسمبر ۱۹۸۲ء، دوسری دفعہ ۲ تا ۱۹ اگست ۱۹۸۸ء، تیسری دفعہ ۲ تا ۱۵ مئی ۱۹۹۱ء، چوتھی دفعہ ۳ تا ۱۴ ستمبر ۱۹۹۳ء، پانچویں دفعہ یکم تا ۸ دسمبر ۱۹۹۵ء، چھٹی دفعہ ۲ تا ۱۵ نومبر ۱۹۹۸ء، ساتویں دفعہ ۱۰ تا ۱۷ اکتوبر ۲۰۰۰ء، اور آٹھویں دفعہ ۱۱ تا ۱۸ اپریل ۲۰۱۰ء رہا۔ ہر قیام کے دوران پاکستانی عوام خاص طور پر اہلِ قلم دوستوں نے میرا پرتپاک خیر مقدم کیا۔ مجھ سے ایسا سلوک کیا جیسا وہ اپنے سگے بھائیوں سے کیا کرتے ہیں۔ ان کی صحبت میں رہ کر جہاں مجھے ان سے علم و فن اور شعر و ادب کے بارے میں سیکھنے کے بہت سے قیمتی مواقع ملے وہاں قریب سے ان کے دلوں کی گہرائی میں جھانکنے اور ان کے اخلاق کے تمام پہلوؤں کو دیکھنے کی سہولتیں بھی میسر آئیں۔ اس غیر دانستہ طویل المدت مشاہدے اور معائنے کے مطابق میں اس نتیجے پر پہنچا کہ پاکستانی قوم کے تمام افراد بالعموم اور اہلِ قلم بالخصوص مخلص، نیک دل، فیاض اور دوست نواز ہیں۔ ان میں کوئی خامی ڈھونڈنا بال کی کھال کھینچنے کے برابر ہے۔ شاید میرا نظریہ کچھ یک طرفہ ہو، مگر یہ میرے تجربے سے اخذ کیا گیا ہے۔ تجربے سے ہٹ کر کسی کی جو بھی خامی نکالی جائے وہ محض بے جا دشنام طرازی ہوگی۔ اگر ان کی کوئی خامی بتانا لازمی ہے تو وہ یہ ہے کہ وہ چینیوں سے بالعموم اور مجھ سے بالخصوص حد سے زیادہ محبت کرتے ہیں، جس کے عوض تمام اہلِ چین کی طرح مجھے بھی ان سے جنون کی حد تک محبت ہے اور محبت میں گرفتار عاشق کو معشوق کی خامیاں دکھائی نہیں دیتیں۔

☆ گزرتے وقت کے ساتھ ''اردو'' ایک عالمی زبان کا روپ اختیار کر چکی ہے۔ اس حوالے سے آپ کے تعلقات کا دائرہ بھی یقیناً وسیع ہونا چاہیے۔ پاکستان کے علاوہ کن ممالک کے اہلِ قلم سے آپ کے قریبی روابط ہیں اور کس ملک کے اہلِ قلم آپ کو دل کے قریب محسوس ہوتے ہیں؟

☆☆ یہ حقیقت ہے کہ وقت گزرنے کے ساتھ اردو زبان برصغیر پاک و ہند کی حدود سے نکل کر دنیا کے بہت سے حصوں خاص طور پر مشرقِ وسطیٰ میں بھی ترویج پا رہی ہے۔ لیکن یہ بھی حقیقت ہے کہ برصغیر سے باہر جو لوگ اردو بولتے، پڑھتے اور لکھتے ہیں ان میں سے بیشتر سمندر پار پاکستانی اور بھارتی ہیں۔ مقامی باشندوں میں سے بہت ہی کم لوگ اردو استعمال کرتے ہیں، اس لئے اردو کو ابھی عالمی زبان گرداننے کی دلیل ذرا کمزور ہے۔ پاکستان کے علاوہ بھارت، متحدہ عرب امارات، قطر، سعودی عرب، امریکہ، کینیڈا اور برطانیہ میں بھی میرے کچھ دوست ہیں جن سے اردو شعر و شاعری کے وسیلے سے دوستانہ رشتہ پیدا ہوا۔ یہ سب اجتماعی حیثیت کے بجائے انفرادی حیثیت سے میرے دوست ہیں، اس لئے کسی ملک کے دوستوں کو دل کے قریب یا دل سے دور قرار دینا مناسب نہیں۔

☆ عالمی سطح پر امریکہ اور چین کے درمیان مستقبل کی قیادت کے لیے جو سرد جنگ جاری ہے کیا عام چینی اُس سے باخبر ہے اگر ہے تو اس کے نتائج کی بابت کس طرح کے قیاسے زیرِ بحث رہا کرتے ہیں؟

☆☆ جہاں تک مجھے معلوم ہے عالمی سطح پر چین اور امریکہ کے درمیان مستقبل کی قیادت کے لیے کوئی سرد جنگ نہیں ہو رہی ہے۔ اگر چین اور امریکہ کے درمیان بعض معاملات میں جھگڑے ہوتے ہیں تو وہ مستقبل کی قیادت کیلئے نہیں، کم از کم اہلِ چین ان کی نوعیت ایسی نہیں سمجھتے۔ جو کچھ جھگڑے ہوتے ہیں وہ مذکورہ دونوں ممالک کے پالیسیوں کے باہم ٹکرانے کے مظاہر ہیں، جبکہ پالیسیوں کے پسِ پردہ مفادات کارفرما ہیں۔ چین اپنے اور تیسری دنیا کے ممالک کے مفادات خود مختاری، علاقائی سالمیت، عوام کے جان و مال، سماجی امن و امان، اقتصادی و سماجی ترقی، قومی وقار وغیرہ کی حفاظت کرنا چاہتا ہے، امریکہ اپنے مفادات ساری دنیا کے وسائل پر قبضہ، تمام ممالک پر کنٹرول کے لیے بحیرۂ جنوبی چین اور بحیرۂ مشرقی چین پر قبضہ کرنا، تائیوان کو چین سے علیحدہ کرنا، عراق کی سابق حکومت کو الٹ دینا، اسرائیل کی جارحانہ پالیسی کی حمایت کرنا، جاپان اور دنیا کے دوسرے بہت سے ممالک میں اپنے فوجی اڈے قائم کرنا، خود مختار ممالک میں امریکہ نواز طاقتوں کی حمایت و مدد کرنا، کچھ ملکوں کے ساتھ فوجی اتحاد کا معاہدہ کرنا، دوسرے ممالک کے اندرونی امور میں مداخلت کرنا اور ان کے فوجی، سیاسی اور اقتصادی راز چرانے کے لیے وہاں اپنے جاسوس بھیجنا چاہتا ہے۔ اپنے اپنے مفادات کے حصول اور حفاظت کے لئے فریقین کا

جھگڑنا ناگزیر ہے۔ ان تمام جھگڑوں میں امریکہ کا اقدام جارحانہ اور چین کا اقدام دفاعی ہے۔ جب اہلِ چین نہیں مانتے کہ چین عالمی سطح پر مستقبل کی قیادت کے لیے امریکہ سے سرد جنگ لڑ رہا ہے تو اس کے نتیجے کے بارے میں کیوں قیاس کریں؟

☆ ہر دو شکل میں آپ پاکستان اور اردو زبان کا مستقبل کس طرح کا دیکھتے ہیں؟

☆☆ پاکستان کا مستقبل بہت روشن ہوگا۔ اس کی دلیل یہ ہے کہ پاکستانی عوام محنتی، ذہین اور بہادر ہیں، پاکستان کی سرزمین وسیع وعریض، زرخیز اور قدرتی وسائل سے مالا مال ہے اور پاکستان کی آب وہوا زراعت وگلہ بانی کی ترقی کے لیے موزوں ہے۔ علاوہ ازیں پاکستان کے بہت سے سچے دوست ہیں جو ضرورت کے وقت کام آسکتے ہیں۔ ان مفید عوامل کے علاوہ یہ روشن مستقبل کچھ بنیادی شرائط کا متقاضی ہوگا۔ قومی یکجہتی، بے لوث قیادت اور امن واستحکام، سیاسی پارٹیوں اور مذہبی فرقوں میں ہونے والی فضول اور لامتناہی کشمکش قومی یکجہتی کو پاش پاش کر دیتی ہے، بے لوث قیادت کی بدولت ہی رشوت ستانی، بدنظمی، فرقہ بندی اور بدعنوانی وغیرہ سماجی برائیوں کی بیخ کنی ممکن ہے، امن وامان عوامی زندگی کی حفاظت اور قومی معیشت کی ترقی کا ضامن ہوتا ہے جبکہ دہشت پسندی امن وامان کا سب سے بڑا دشمن ہے۔

میرے خیال میں اردو کا مستقبل بھی روشن ہوگا لیکن یہ بھی کچھ شرائط کا متقاضی ہوگا۔ اردو کا مستقبل روشن ہونے کے دلائل یہ ہیں: اول، یہ ایک خاصی بڑی زبان ہے جس کی جڑیں برصغیر کی زمین میں مضبوطی سے پیوست ہیں جبکہ برصغیر کی آبادی روزافزوں تعداد میں بڑھتی جا رہی ہے۔ دوم، اہلِ پاک وہند اردو سے بہت محبت کرتے ہیں، وہ نہ صرف اپنے اپنے ملک میں اردو بولتے اور لکھتے ہیں بلکہ بیرونِ ملک سکونت پذیر ہوتے ہوئے بھی اردو بولتے اور لکھتے ہیں۔ سوم، اہلِ پاک وہند کے علاوہ سمندر پار پاکستانی اور ہندوستانی بھی دنیا بھر میں اردو کی ترویج کے لیے کوشاں رہتے ہیں۔ چہارم، بہت سے ممالک میں اردو کی تعلیم پر توجہ دی جا رہی ہے۔ ان سازگار عوامل کے ساتھ کچھ ناموافق عوامل بھی موجود ہیں اور رہیں گے: اول، مواصلاتی ٹیکنالوجی کی ترقی کے ساتھ ساتھ ملکوں، قوموں اور لوگوں میں آمد ورفت آسان اور زیادہ ہوتی جا رہی ہے جس کا نتیجہ یہ ہوا کہ ملنے ملانے میں انگریزی استعمال کرنے کے مواقع میں بھی اضافہ ہوتا جا رہا ہے۔ غیر ملکیوں سے تبادلۂ خیال کرنے اور غیر ملکی کمپنیوں میں نوکری کرنے کیلئے زیادہ سے زیادہ نوجوان اردو پر انگریزی کو ترجیح دینے لگے ہیں۔ اس صورتِ حال میں اردو کے مستقبل کو روشن کرنے کی سعی بہاؤ کے خلاف کشتی چلانے کے برابر ہے۔ اس لئے اردو کی بقاوترویج کی جو کوشش پہلے سے ہو رہی ہے اسے دوچند کر کے جاری رکھنا چاہیے ورنہ اردو کا مستقبل خاصا تشویش ناک ہوگا۔

☆

"جینے کا ہنر"

ایک طرف ہم اپنے عظیم ہمسایہ چین کی دوستی پر فخر کرتے نہیں تھکتے دوسری طرف اردو کے بارے اپنے چینی بھائیوں کی احتیاط پسندی پر حیران بھی ہوا کرتے ہیں۔ جس طرح اس باوقار قوم نے پوری دنیا کو جینے کا چلن اور زندہ رہنے کا ہنر سکھلایا ہے اسی طرح ایک ارب سے اوپر کی آبادی میں اردو ادب کا اکلوتا صاحبِ دیوان شاعر پیدا کر کے یہ بھی جتلا دیا ہے کہ عددی کثرت کے ساتھ احتیاطِ لفظی بھی چینی قوم کے مزاج کا وصفِ خاص ہے۔ جناب انتخاب عالم اگرچہ ایک ہیں مگر اردو دنیا کے لیے نیک بھی ہے اور باا عتبار کارکردگی انیک بھی ہیں۔ ہمیں پوری امید ہے کہ چین کی زرخیز مٹی میں یہ اکلوتا سخنی شجر اپنی بہار دکھلا کر مرجھانے کے بجائے اور بھی بہت سے ادبی شگوفے کھلائے گا اور نہ صرف پاک، چین کے درمیان اخوت وبھائی چارے کو فروغ دے گا بلکہ پوری دنیا کو امن وآتشی، محبت اور بھائی چارے کا درس بھی دیتا رہے گا۔

سید ضمیر جعفری

(●)

"شہرِ منور"

محترم انتخاب عالم کے غزلیہ کلام سے مختصر انتخاب

فیصل عظیم (کینیڈا)

(چمنِ وطن کی تازہ ہوا کی نذر)

خمیرِ اوجِ فلک ارض سے اٹھا تو ہے
تہِ نشیب، بلندی کی ابتدا تو ہے

صبا نے چھیڑ دیا، پھول کھلکھلانے لگا
ہجومِ خار میں گو یہ گھرا تو ہے

ابھی نسیمِ بہاری اگرچہ کم کم ہے
ہر ایک درختِ چمن جھومنے لگا تو ہے

شرر کو عمر بہت مختصر ملی لیکن
ضیائے شمع کو اس نے جنم دیا تو ہے

ثمر ضرور لگے گا، ابھی بہت ہے وقت
من پہ ڈال نظر، یہ ہرا بھرا تو ہے

ذرا طویل ہے رستہ تو کیا ہوا عالم
کہ بادبان ہوا میں کھلا ہوا تو ہے

نوٹ: ۱۹۷۸ء کے اواخر میں چین میں اصلاحات اور کھلے دروازے کی پالیسی نافذ ہوئی جس کی بدولت چین کے تمام شعبہ جات زندگی میں خوش آئند تبدیلیاں رونما ہونے لگیں۔ اس پالیسی پر تا حال عمل درآمد جاری ہے۔

(نیشنل انسٹی ٹیوٹ آف ماڈرن لینگویجز میں ایڈوانسڈ اردو کا دو سالہ کورس مکمل کر کے بیجنگ واپس آنے کے موقع پر اسلام آباد، دسمبر ۱۹۸۲ء)

مری جدائی کی گل نے سنی خبر کیسے
دمِ سحر ہی ہوئی اس کی چشم تر کیسے

ہوا ہے وقتِ سفر، طائروں نے پر کھولے
اداس صحنِ چمن ہے ہر شجر کیسے

وہی ہے شہرِ منور، وہی ہیں شمس و قمر
بجھے سے آج نظر آرہے ہیں پر کیسے

مرے گلے میں کوئی ہار بھی نہیں لیکن
چمک رہے ہیں گریباں پہ یہ گہر کیسے

کبھی تھی ایک گھڑی ایک ماہ پر بھاری
یہ ماہ ایک گھڑی میں ہوا بسر کیسے

یہ دن جدائی کے عالم گزر ہی جائیں گے
نہ پوچھ ہم سے کہ آؤ گے لوٹ کر کیسے

○

ہر بھرا تھا چمن، پر شجر اکیلا تھا
شجر پہ برگ بہت تھے، ثمر اکیلا تھا

بقائے نور فلک پر بھی ہوگئی مشکل
امڈ رہی تھیں گھٹائیں، قمر اکیلا تھا

اندھیری شب تھی تو محفل میں تھے چراغ بہت
یہ کیا ہوا کہ چراغِ سحر اکیلا تھا

یہی تو ایک تماشا پسِ تماشا تھا
تماش بیں تھے بہت، دیدہ ور اکیلا تھا

رفاقتوں سے یہ تنہائی کم نہیں ہوتی
شریکِ بزم تو تھا میں، مگر اکیلا تھا

گناہِ عشق کی کیسی سزا ملی ہم کو
کہ سنگ بار زیادہ تھے، سر اکیلا تھا

کیا تھا ہم نے سفر ساتھ ساتھ یوں عالم
کہ میں اکیلا، مرا ہم سفر اکیلا تھا

○

بشر بس غم منانے کے لئے دنیا میں آتا ہے
دمِ آمد وہ روتا ہے دمِ رخصت رلاتا ہے

جہاں بھر میں کسے، کس پر، کہاں، کب رحم آتا ہے
شجر سوکھے ہوئے پتوں کو شاخوں سے گراتا ہے

ستارے دیکھتے رہتے ہیں شب بھر مہر کا رستہ
افق پر مہر آتے ہی مگر ان کو بجھاتا ہے

زمین جو آسمان کو سر پہ رکھتی ہے ہمیشہ سے
ہمیشہ اس پہ الٹا آسماں بجلی گراتا ہے

اندھیرے کے مقابل حوصلہ مندوں کی یہ قلت
کہ سورج بھی دمِ شب چھپ کے اپنی جاں بچاتا ہے

مجھے اس پیڑ کی قسمت پہ آتا ہے بہت رونا
جو اپنے کاٹنے والے کو چھاؤں میں بٹھاتا ہے

فراقِ یار میں اکثر وصالِ یار ہوتا ہے
کبھی وہ میرے وہموں میں کبھی خوابوں میں آتا ہے

وہ آنے میں جھجک کیسی، یہ جانے کی تڑپ کیسی
ہمارا یار کس انداز سے یاری نبھاتا ہے

وفا کرتا رہا ہوں میں، جفا کرتا رہا ہے تو
یہ فرقِ حرفِ واحد ہم میں کیسا فرق لاتا ہے

بھروسے کا ہمارے دور میں فقدان ہے کیسا
میاں بیوی سے بھی قصہ محبت کا چھپاتا ہے

بھری محفل میں جامِ چشم لیکر گھومتا ہے وہ
یہ عالم دیکھتے ہیں ہم کہ وہ کس کو پلاتا ہے

ازل سے چشمِ دنیا کو فقط گل راس آتے ہیں
عالم ایک پتا ہوں جو پھولوں کو سجاتا ہے

نجمِ واحد بادلوں کے درمیان موجود تھا
بجھ چکی تھی کہکشاں، اس کا نشاں موجود تھا

باغ سے اُڑ کر بھی رہتا تھا وہ طائر باغ میں
شاخِ نخلِ دل پہ نقش داستاں موجود تھا

دھوپ میں ہم لوگ جھلسے خشک تنوں کی طرح
اور ہمارے پاس ہی اک سائباں موجود تھا

قطرے قطرے کو ترستا ہی رہا میں عمر بھر
میرے گھر کے سامنے گو اک کنواں موجود تھا

گاہے گاہے ان سے ملتا تھا خیال وخواب میں
ایک رشتہ میرے ان کے درمیاں موجود تھا

چھاؤں میں سوتا تھا عالم بیٹھتا تھا دھوپ میں
میرا بھی اس شہر میں کوئی مکاں موجود تھا

○

کاش اتنا فرق آتا فصلِ خوئے یار میں
دشتِ دل بدلے گھڑی بھر کیلئے گل زار میں

گو ہمیشہ وہ ہمارے دل میں ہی آباد ہے
پھر بھی ساری عمر گزری جادۂ دیدار میں

مانتا ہوں دل میں کوئی بات پوشیدہ نہیں
گو کہ تھوڑی سی جھجک ہے لہجۂ گفتار میں

آپ ہی کے منہ سے سن کر آپ ہی کا حالِ دل
رہ گیا حیراں کہ دل ہے سینۂ سرکار میں

مت ہماری بے دلی کو بے دلی ہی جانیئے
دل ہمارا سیر کو نکلا ہے شہرِ یار میں

گرچہ اپنی تھی تمنا، گرچہ اپنی تھی زبان
ان کے آگے پر حروف اٹکے رہِ اظہار میں

دردشناسی دل شناسی کی طرح دشوار ہے
ہے نہاں کچھ رنگِ دیگر غازۂ رخسار میں

دور دورہ دورِ صنعت میں ہے مصنوعات کا
ہے ندارد عشقِ اصلی عشق کے بازار میں

کاش ہوتا اتنا سا انصاف قلبِ دہر میں
دل کے بدلے دل ہی ملتا دل کے کاروبار میں

پردۂ آبِ خنک میں بھی سلگتی ہے شراب
موجزن ہے درد کا دریا دلِ نادار میں

چیر کر دریا پہاڑوں کو بناتا ہے ڈگر
طے نہیں ہوتا مقدر غیب کے دربار میں

سائباں کی کیا ضرورت؟ بیٹھتا ہوں دھوپ ہو
یا شجر کی چھاؤں میں یا سایۂ دیوار میں

پتھروں پر ہے کلامِ نرم عالم بے اثر
کچھ اضافہ اور ہو تیغِ سخن کی دھار میں

(فلسطینی مجاہدین کے نام)

آؤ تھوڑی دیر بیٹھیں روبرو ہم اور تم
پھر پئیں خونِ جگر کے کچھ سبو ہم اور تم

اک طرف بہری ہے دنیا، اک طرف گونگے ہیں ہم
دل ہی دل میں رکھتے ہیں دل کی آرزو ہم اور تم

بولنے کا حق گیا، رونے کا باقی ہے مگر
آج اشکوں سے کریں گے گفتگو ہم اور تم

ظلمتِ شب میں ستارے گر کے غائب ہو گئے
آؤ مل کر دیں صدائیں کوبکو ہم اور تم

دہر ڈوبا ہے اندھیرے میں، بجھے ہیں سب چراغ
اب چراغِ دل جلادیں سوبسو ہم اور تم

آدمی پر آسماں کے سارے رستے بند ہیں
پھر بھی حق کی کر رہے ہیں جستجو ہم اور تم

زندگی کی جاں ہے آزادی، علامت سانس ہے
جاں بچالیں گے بہا کر یہ لہو ہم اور تم

پتھروں کو چیر کر دریا بناتے ہیں ڈگر
پیروی ان کی کریں گے ہو بہو ہم اور تم

دیکھ لی ویرانی باغِ خزاں دل تھام کر
فصلِ گل میں دیکھ لیں گے رنگ و بو ہم اور تم

ذلتوں ہی سے جنم لیتی ہیں عالم عزتیں
وقت آئے گا تو ہوں گے سرخ رو ہم اور تم

(بابری مسجد میں ہونے والے قتل عام پر)

خزاں گزیدہ چمن میں بہار باقی ہے
کہ تیغِ گل پہ مرا اعتبار باقی ہے

ہر ایک چیز کی باری ہے دورِ دوراں میں
جو لوگ جیت گئے ان کی ہار باقی ہے

شراب ختم ہوئی ہے، سبو بھی ٹوٹے ہیں
رہا تو کچھ بھی نہیں، کچھ خمار باقی ہے

رتوں کے ساتھ بدلتا ہے جوشِ ہر دریا
گزر چکا ہے چڑھاؤ، اتار باقی ہے

رہی ہے دل کی لگی ، دل لگی مگر نہ رہی
کہ دل رہا نہ رہا، دل فگار باقی ہے

نگار خانہ گرایا گیا تو گرنے دو
دلِ زمانہ میں روئے نگار باقی ہے

مٹے ہیں روئے زمیں سے تمہارے نقشِ قدم
ضمیرِ دہر میں اک یادگار باقی ہے

چلے گئے ہیں اگرچہ جہاں سے وہ عالم
نفوسِ وقت میں ان کا شمار باقی ہے

’’آپ کی دعا کیا ہے‘‘

ڈاکٹر توصیف تبسم
(اسلام آباد)

’’گلبانگِ وفا‘‘ چینی نژاد اردو شاعر انتخاب عالم (چانگ شی شوان) کا اولین مجموعہ کلام ہے۔ یہ مجموعہ اردو زبان وادب کی ہمہ گیر مقبولیت کا ثبوت ہے جس کا تعلق ہمارے اپنے عہد سے ہے۔ یوں تو کسی غیر ملکی کا اردو زبان میں دادِ سخن دینا اور اپنا شعری مجموعہ ترتیب دینا پہلا واقعہ نہیں، کیونکہ اس سے قبل اٹھارویں صدی عیسوی کے نصف میں متعدد برطانوی، پرتگیزی، جرمن، فرانسیسی، اطالوی، آرمینین اور دوسرے یورپین شاعر اردو میں نہ صرف شعر لکھتے رہے بلکہ ایسے شعراء بھی تھے جنھوں نے اپنے دیوان مرتب کر کے شائع کیے مثلاً الیگزینڈر ہیدرلی آزاد کا دیوانِ اردو ۱۸۶۳ میں پہلی بار شائع ہوا۔ ہیدرلی آزاد فنِ شعر میں مرزا اسداللہ خان غالب کے بھانجے ذین العابدین عارف کے شاگرد تھے۔ اسی طرح جارج پیش شور، جنرل جوزف بروٹ، تھامس بیل اور مونٹر وز مضطر کے نام لئے جاسکتے ہیں جن کے اردو دیوان منظر عام پر آئے۔ مونڈر مضطر کے چاروں دیوان جو اس نے مرتب کئے غالباً تا حال غیر مطبوعہ ہیں۔ یہ غیر ملکی شعراء بیشتر اپنی منصبی ذمہ داریوں کے سبب برصغیر میں مقیم رہے۔ انہوں نے یہاں کی زبان کو یہاں رہ کر سیکھا اور تحریر وتقریر میں اہلِ زبان جیسی مہارت بہم پہنچائی۔

اس تاریخی ادبی منظر نامے میں ہمارے خیال میں ’’گلبانگِ وفا‘‘ کی اہمیت یہ ہے کہ یہ ایک ایسا ممتاز شعری مجموعہ ہے جو کم وبیش سو برس کے بعد اردو زبان میں کسی غیر ملکی شاعر نے مرتب کیا۔ دوم ’’گلبانگِ وفا‘‘ اولین شعری سوغات ہے جو کسی چینی شاعر کی طرف سے اردو میں پیش کی گئی ہے۔ اگرچہ قدیم زمانے سے چین اور برصغیر پاک وہند کے تہذیبی روابط قائم رہے ہیں مگر اس نوعیت کی دوسری مثال کہیں نظر نہیں آتی۔

غالباً چینی سے بھی شیریں ہے اردو دیکھئے
چین کا عالم بھی اس میں غزل خواں ہوگا

گزشتہ مرتبہ دواوین کے مقابلے میں ’’گلبانگِ وفا‘‘ کو یہ امتیاز حاصل ہے کہ یہ شاعری ہمارے دور کے طرزِ احساس کی حامل ہے جبکہ گذشتہ مرتب شدہ دواوین اپنے عہد کی شعری روایات سے جڑے ہوئے نظر آتے ہیں۔ تاریخی طور پر ایسا ہونا بھی چاہیئے تھا۔

اس مجموعہ میں شامل غزلوں کی منفرد فضا جو اشارتی اسلوب اور غزل کے مخصوص علائم ورموز کے استعمال سے پیدائی ہے ان غزلوں کو شاعر کی نظروں سے الگ کرتی ہیے۔ اس چینی نژاد شاعر نے غزل کے مخصوص مزاج کو نہ صرف اچھی طرح سمجھا ہے بلکہ اس کو بہت کامیابی سے برتا بھی ہے۔ وہ غزل کہتے ہوئے عموماً تازہ اور کسی قدر دشوار ردیفیں اختیار کرتا ہے اور بڑے مستحکم انداز میں ان کو استعمال کرتا ہے کہ کہیں بھی شعر پر شاعر کی گرفت کمزور پڑتی ہوئی محسوس نہیں ہوتی۔ کچھ غزلیں بعض مخصوص سانحات سے متاثر ہو کر لکھی گئی ہیں جن کی وضاحت ذیلی نوٹ کے ذریعہ کر دی گئی ہے۔ ان غزلوں میں بھی تغزل کی وہی فضا ہے جو دوسری عام غزلیات کی خصوصیات ہے جبکہ یہ امکان بھی تھا کہ شاعر غزل کی حدود کو توڑ کر نظم کی حدود میں داخل ہو جاتا۔ انتخاب عالم کی ایسی غزلیں صنف غزل کے امکانات کی مظہر ہیں اور یہ ثابت کرتی ہیں کہ اس صنفِ سخن میں ہر قسم کے تاثر کو سمیٹ لینے کی صلاحیت موجود ہے۔ شرط صرف سلیقے اور قرینے کی ہے۔ مظاہرِ فطرت سے وابستگی چینی شاعری کی روایت رہی ہے۔ انتخاب عالم چونکہ بنیادی طور پر چینی زبان کے شاعر ہیں اس لیے ان کی اردو غزل بھی اس وصف سے خالی نہیں۔ ان کے یہاں غزل کی روایتی اسالیب کے پہلو بہ پہلو، مظہرِ فطرت کا تذکرہ بھی غزل کے ایمائی انداز میں موجود ہے جس سے ان کی غزل پڑھ کر ایک خاص طرح کی کشادگی کا احساس ہوتا ہے۔

ہرا بھرا تھا چمن، پر شجر اکیلا تھا
شجر پہ برگ بہت تھے، ثمر اکیلا تھا
بقائے نور فلک پر بھی ہوگئی مشکل
اڈ رہی تھیں گھٹائیں، قمر اکیلا تھا

کوئی بھی ابر ہو
آخر میں بکھر جاتا ہے

آب سے دل کے فلک اور نکھر جاتا ہے
وقت دریا ہے کوئی جھیل نہیں ہے عالم
راہ میں غم ہو، خوشی ہو، یہ گزر جاتا ہے

فطرت نگاری کے اس رجحان کی بدولت انتخاب عالم کی غزل کا رخ کسی حد تک داخل سے خارج کی طرف ہو جاتا ہے مگر غزل گو شاعر کا کمال یہ ہے کہ اس سفر سے اس کی غزل کی مجموعی تغزل کی فضا میں کمی پیدا نہیں ہوتی۔ انتخاب عالم کی شخصیت پر چونکہ ایک خاص نظریہ کی چھاپ ہے، اس لئے وہ حقائقِ زندگی کو اپنے مخصوص زاویہ نظر سے دیکھتے ہیں اور ان پر تبصرہ کرتے ہیں۔ درد مندی ان کی غزل کا نمایاں وصف ہے مگر وہ بیدلی نہیں ہے جو زندگی سے فرار اور

بیزاری پیدا کرتی ہے بلکہ ان کا شعر زندگی کے روشن مستقبل کا امین اور احساسِ رجائیت سے مملو دکھائی دیتا ہے۔

ہمارے خفتہ مقدر کو جاگنا تو ہے
بہت کیا ہے ،ذرا اور انتظار سہی

اپنے مافی الضمیر کے اظہار کے لیے شاعر حسبِ ضرورت خوبصورت اور نئی تراکیب وضع بھی کرتا ہے۔ ان تراکیب سے ایک طرف شاعر کی زبان و بیان پر قدرت کا اندازہ ہوتا ہے اور دوسری طرف اس کے شعر میں ایک تازگی از خود ہو جاتی ہے۔ فارسی علمِ عروض پر شاعر کی دسترس حیران کن حد تک مکمل ہے۔ شعر پڑھتے ہوئے کہیں بھی کسی جھول یا سقم کا احساس نہیں ہوتا۔ انتخاب عالم کی غزل پڑھتے ہوئے اس کی ندرتِ بیان، معنی آفرینی اور قدرتِ کلام کے نمونے قدم قدم پر دل کو اپنی طرف کھینچتے ہوئے دکھائی دیتے ہیں۔ کہیں کہیں وہ شوخی سے بھی کام لیتے ہیں۔

نہ کھائیں عمر سے دھوکا کہ میں تو
دورنِ دل جواں تر ہوں جواں سے

یہ مانتا ہوں کہ میرے لئے دعا گو ہیں
مگر سوال یہ ہے آپ کی دعا کیا ہے

''گلبانگِ وفا'' میں شامل نظمیں تین قسم کی ہیں۔ اول وہ نظمیں جو سرزمینِ پاکستان اور یہاں کی بعض شخصیات سے شاعر کی محبت کی آئینہ دار ہیں۔ دوم وہ نظمیں جو طبع زاد ہیں اور جن کا موضوع عام زندگی ہے اور سوم شاعر کی وہ نظمیں جو اولاً چینی زبان میں کہیں اور بعد میں خود اردو میں ان کا ترجمہ کر کے مجموعے میں شامل کیں۔

انتخاب عالم کی ان نظموں میں موضوع اور اسلوب کے اعتبار سے بڑا تنوع ہے جو اس مجموعے کو قابلِ مطالعہ بناتا ہے۔ شاعر کا فطرت نگاری کا رجحان ان نظموں میں اس قدر قوی ہے کہ اس پر فطرت پرستی کا گمان گزرتا ہے۔ یہ درست ہے کہ بعض نظمیں محض فطرت نگاری کے زمرے میں آتی ہیں جن کا مقصد اپنے جذبۂ تحیر میں دوسرے کو شریک کرنا ہے، جیسے ان کی نظم ''جڑواں آبشار'' یا ''رات کی روشنیاں''، مگر شاعر کو جہاں موقع ملتا ہے وہ فطرت کے مظاہر میں انسانی بصیرت کے سامان کو ضرور تلاش کرتا ہے۔ انتخاب عالم کی یہ نظمیں ہمیں اردو کے معروف شاعر مجید امجد کی یاد دلاتی ہیں۔ شاعر نے آزاد اور نثری ہیئتوں میں ان نظموں کو مکمل کیا ہے جو تنوع ہی کی ایک صورت ہے۔

غرض یہ مجموعۂ کلام فکر و فن کے لحاظ سے شاعری کا ایک نادر نمونہ ہے۔ برصغیر پاک و ہند اور چین کے درمیان ثقافتی لین دین کی تاریخ بہت ہی قدیم ہے۔ پاکستان اور چین کے درمیان دوستی اور خیر سگالی کی مستحکم روایت جو موجودہ دور میں قائم ہوئی ہے یہ شعری مجموعہ اس کا ایک تازہ اور منفرد ثبوت ہے۔

''یادوں کا سرمایہ''

جنابِ مکرّم چانگ شی شوان صاحب،
السلام علیکم۔

میں واپسی پر بیمار ہو گیا تھا ورنہ فوری خط لکھتا۔ اب چند روز سے کچھ بہتر ہوا ہوں امید ہے آپ بخیر و عافیت واپس بیجنگ پہنچے ہوں گے۔

آپ نے سیمینار اور مشاعروں میں میری خاطر شرکت کر کے مجھے بے حد ممنون کیا۔ پھر آپ نے اپنی نثر اور نظم میں میرے متعلق جن خوبصورت خیالات کا اظہار کیا وہ میری یادوں کا عزیز سرمایہ ہیں۔ آپ کی باغ و بہار شخصیت سے متعارف ہو کر مجھے بے حد مسرت ہوئی۔ میں آپ کے لیے دعا گو ہوں۔ میرے لائق کوئی خدمت ہو تو بے تکلفی سے لکھئے۔

میرے کون کون سے شعری مجموعے آپ کے پاس ہیں۔ یہ اس لیے پوچھ رہا ہوں کہ جو نہیں ہیں وہ میں فوراً آپ کو بھجوا دوں۔ حال ہی میں میرا نیا مجموعہ کلام ''لوحِ خاک'' چھپا ہے۔ وہ بھی آپ کو پیش کرنا چاہوں گا۔ ویسے میرے شعری مجموعوں کے نام یہ ہیں۔

رم جھم، جلال و جمال، شعلۂ گل، دشتِ وفا، محیط، دوام، لوحِ خاک۔

اپنا رسالہ ''فنون'' بھی ساتھ میں بھجواؤں گا۔ امید ہے آپ اپنا رسالہ اور کلام بھجواتے رہیں گے۔

احمد ندیم قاسمی

(●)

''گناہِ عشق کی سزا''

نقاش کاظمی

(کراچی)

علم حاصل کرو خواہ چین تک جانا ہو، پاک چین دوستی زندہ باد، پاکستانی چینی بھائی بھائی، لانگ مارچ، ریڈ آرمی، ثقافتی انقلاب چیئر مین، دیوارِ چین، چائنا ٹاؤن، چائنیز ریسٹورنٹ، دیوارِ چین فلسفۂ پرامن بقائے باہمی۔ عوامی جمہوریت وغیرہ وغیرہ سنتے سنتے اور جانتے عمر بیت گئی۔ لیکن یکم مارچ ۱۹۸۸ء کی ایک خوبصورت صبح جب ابوظہبی کے صحرا میں جشنِ بہاراں یعنی ''جشنِ احمد ندیم قاسمی'' کے موقع پر اردو دنیا کے شاعر اور ادیب حضرات کی آمد آمد تھی۔ ناشتے کی میز پر ایک چینی صاحب سے ملاقات ہوگئی۔ یہ ملاقات بعد میں دوستی میں تبدیل ہوگئی۔ معلوم ہوا کہ یہ دوست ''چین'' سے آئے ہوئے اردو زبان کے معتبر شاعر، ادیب اور استاد ہیں بلکہ چین کے مقبول ترین سرکاری ماہنامے ''چین باتصویر'' کے ایڈیٹر ہیں اور یہ رسالہ ہمارے پاس پہلے ہی آتا ہے۔ چونکہ ہمارے دوست رشید بٹ اور معروف صحافی احفاظ الرحمٰن وہاں اردو سکھانے کے ماہرین کے طور پر متعین تھے۔

یہ صاحب چینی زبان میں ''چانگ شی شوان'' (ZHANGSUIXUAN) اور اردو میں ''انتخاب عالم'' کہلاتے ہیں اس تین روزہ سیمینار اور مشاعرے میں دوسری زبانوں کے دیگر اردو دان حضرات بھی آئے ہوئے تھے جن میں برطانیہ کے جناب ڈیوڈ میتھوز اور ان کی اہلیہ، متحدہ عرب امارات (دوبئ) سے ڈاکٹر زبیر فاروق اور سعودی عرب سے جناب سالم السعیدلوس شامل تھے۔ اس عالیشان اور باوقار جشن کے روح رواں جناب اظہار حیدر مرحوم تھے۔

ناشتے کے بعد تمام مندوبین کو ایک دوسرے سے رسمی طور پر متعارف کرایا گیا اور بدست حضرت احمد ندیم قاسمی گفٹ وغیرہ دیئے گئے اور گلابوں کے سرخ سرخ پھولوں والے ہار پہنائے گئے۔ ان دنوں اس خطے میں گلاب کے پھول نہیں ہوتے تھے۔ کئی لوگوں نے پوچھا یہ ہار کہاں سے آئے تو جواب ملا کراچی سے نقاش کاظمی کے ذریعے منگائے گئے ہیں۔ گلاب کے سُرخ سُرخ پھولوں کو دیکھ کر جس شخصیت نے بہت زیادہ دلچسپی کا مظاہرہ کیا وہ جناب ''انتخاب عالم'' صاحب تھے۔ انہوں نے کہا پاکستان سچ مچ گلابوں کا چمن لگتا ہے۔ اس سیمینار کے تقریباً سب ہی شعراء نے گلاب کے حوالے سے اشعار کہے ہیں۔ اور میں نے انہیں ایک اپنا شعر سنا دیا:

دن بھر کے بعد کس طرح چہرے ہوئے گلاب
میری طرح تو دھوپ میں کوئی جلا نہ تھا

انتخاب عالم صاحب نے کہا جب میں اردو سیکھ رہا تھا تو میر تقی میرؔ کا یہ شعر بہت پسند تھا۔

نازکی اس کے لب کی کیا کہیے
پنکھڑی اک گلاب کی سی ہے

انتخاب عالم کے ساتھ ہم تین دن اور تین رات متحدہ عرب امارات میں رہے اس دوران ان کی چینی لہجے میں اردو گفتگو، شاعری اور قصے سن کر محظوظ ہوتے رہے۔ انتخاب عالم صاحب جلد ہی یعنی اگست ۱۹۸۸ء میں ایک بار پھر ملے لیکن پاکستان میں۔ وہ چین میں شائع کردہ اردو کتابوں کی نمائش کرنے تشریف لائے تھے۔ (انہوں نے ہمیشہ مجھ سے یہ بھی کہا میرے کانوں میں آپ کی نظامت اور پڑھنے کی آواز گونجتی ہے)

انتخاب عالم صاحب نے فون کیا کہ وہ ''آواری ٹاورز'' ہوٹل میں ٹھہرے ہیں اگر ملاقات ہو جائے تو بہت خوشی ہوگی۔ میں جب ان سے ملنے پہنچا تو گفتگو کے دوران انہوں نے کہا آپ سیف اللہ خان صاحب کے یہاں مجھے لے جاسکتے ہیں؟ میں نے کہا آپ جہاں جانا چاہتے ہیں میں لے چلونگا۔ لطف اللہ خان صاحب ایک ایسی شخصیت ہیں جن کے اسٹوڈیو میں دنیا بھر کی آوازیں ریکارڈ کی جاتی ہیں اور انہیں محفوظ کرلیا جاتا ہے۔ لہٰذا انتخاب عالم صاحب کو بھی اسی خیال سے مدعو کیا گیا۔ خان صاحب کے دولت کدہ جانے سے قبل ہم نے انتخاب عالم صاحب کو کلفٹن کی سیر کرائی۔ ساحلی منظر سے ہم لطف اندوز ہوئے پانی کے قریب اس جگہ پہنچ گئے جہاں کھانے کو گول گپے یعنی پانی کے بتاشے اور بھٹے بالٹیوں میں لڑ کے چنے، مونگ پھلیاں اور مصالحے دار دالیں بیچتے ہیں اور چند لوگ کیتلیوں اور تھرماس میں گرم کہہ کر ٹھنڈی چائے فروخت کرتے ملتے ہیں۔ قریب ہی گھوڑے والے اور اونٹ والے بھی آوازیں لگاتے رہے۔ یہاں سیپیاں، گھونگے، کیچوے اور کیکڑے ٹہل رہے ہوتے ہیں اور آہٹ سن کر دبک جاتے ہیں یا تیز لہروں کی نذر ہو جاتے ہیں۔ انتخاب عالم کو غیر ملکی ٹورسٹ سمجھ کر عادتاً پیچھے پڑ گئے کہ اونٹ پر بیٹھئے اور سمندر کنارے صحراؤں کے مزے لوٹیے۔ چونکہ اونٹ کو صحرائی جہاز بھی کہا جاتا ہے پھر یوں ہوا کہ ہم علیحدہ علیحدہ اونٹوں پر بیٹھ کے گھومتے رہے۔ البتہ رسّی یا لگام اونٹ والوں کے ہاتھ میں ہی رہی۔ اسکے بعد ایک بڑی ''ہودْ'' والی سواری ملی جس پر دونوں کے بیٹھنے کی گنجائش تھی یہ سواری طرح طرح کے رنگوں کی جھالروں، گھنگرؤں، کوڑیوں، گھنٹیوں اور پالتو جانوروں کی زیبائش وغیرہ سے آراستہ تھی۔ اس موقع پر انتخاب عالم صاحب نے کہا:

''یہ جو لوگ یہاں گھوم پھر رہے ہیں انہیں کیا معلوم کہ ادبی دنیا کے دو مشہور شاعر اونٹ کی سواری فرما رہے ہیں۔''

اور قہقہہ لگایا، تھوڑی دیر ساحل پر لطف اندوز ہونے کے بعد ہم

لطف اللہ خان صاحب کے دولت کدے پہ پہنچ گئے۔ میرے ''کلام شاعر بزبان شاعر'' کی ریکارڈنگ پہلے ہو چکی تھی۔ سو انتخاب عالم صاحب کی زبانی انکا کلام ریکارڈ کیا گیا۔ اختتام کے بعد کسی صاحب نے آ کر اطلاع دی کہ صدر پاکستان ضیاء الحق صاحب کا طیارہ ملتان کے قریب گر گیا ہے۔ کوئی نہیں بچا۔ یہ 17 اگست کی شام تھی۔ کسی ایمرجنسی کے خوف سے ہم نے انہیں ان کے ہوٹل پہنچا دیا۔

انتخاب عالم صاحب نثر و نظم پر یکساں قدرت رکھتے ہیں۔ موصوف نظموں اور غزلوں میں خصوصی دلچسپی رکھتے ہیں۔ نظموں میں منظر نگاری اور غزلوں میں دلداری ان کا وصفِ خاص ہے۔ انہوں نے مجھے ابوظہبی اور دبئی کے قیام کے دوران کچھ غزلیں، نظمیں اور اشعار سنائے تھے۔ جس سے میں نے اندازہ لگا لیا تھا کہ ان کے یہاں الفاظ کی نشست و برخاست کی عمدہ نظمیں تشبیہات، استعارات کی معنی آفرینی، لفظیات ومعنیات کا ایک خوبصورت ذخیرہ بدرجہ اتم موجود ہے ان کا ایک شعر جو انہوں نے مجھے اس وقت سنایا تھا ملاحظہ کیجیے اور محسوس کیجیے کہ یہ شعر اردو زبان کے کسی شاعر کی تخلیق سے کم نہیں ہے۔

جو بجھ گئے ہیں ستارے تمام شب جل کر
انہیں کی راکھ سے روشن ہوئی سحر تو ہے

انتخاب عالم (عالَم) کو ہم نے بعد بھی کئی مشاعروں اور ذاتی محفلوں کے علاوہ آمنے سامنے بھی سنا۔ حیرت اس بات پر ہوئی کہ وہ معیاری اشعار کہتے ہیں اور ''بحر'' میں کہتے ہیں۔ غزلیں زیادہ تر مکمل کہنے کا سلیقہ بھی رکھتے ہیں معلوم ہوتا ہے قدرت نے انہیں چین میں رہتے ہوئے شاعری کے منصب پر بطور خاص فائز کیا ہے۔ انتخاب عالم کی ظاہری و باطنی شاعری یا اُن کے اندازِ سخن کو سمجھنے کے لیے ان کا ذاتی پس منظر بھی جاننا ضروری ہے۔ جیسا کہ مطالعے کا اصول رہا ہے۔

انتخاب عالم 22 مئی 1940ء کو چین کے ایک گاؤں (یانگ چانگ) میں پیدا ہوئے۔ گریجویشن تک تعلیم حاصل کرتے وقت صحافت اور ''اردو زبان'' کے مضامین کو اپنایا۔ البتہ ایڈوانس اردو کی تعلیم کے لیے ''نیشنل انسٹی ٹیوٹ آف ماڈرن لینگویجز'' اسلام آباد کا انتخاب کیا۔ اردو زبان و ادب کی غیر معمولی خدمات کی انجام دہی پر حکومت پاکستان کی جانب سے ''ستارہ قائداعظم'' اور ''تمغۂ پاکستان'' کے اعزازات عطا کئے گئے۔ اسی طرح کے ایوارڈز دنیائے اردو کے دیگر اداروں نے بھی دیئے۔ حکومت چین نے بھی ان کی خدمات کو قابل تحسین سمجھتے ہوئے ''خصوصی الاؤنس'' کا اعزاز دیا ہے وہ سالہا سال ''چین باتصویر'' مجلّے کے ایڈیٹر، سینئر ایڈیٹر اور ایڈیٹر انچارج رہے۔ اس منصب کے بعد پروفیسر اور صدر شعبہ اردو کی حیثیت سے متعین رہے۔ اور اب بھی اردو زبان و ادب کیلئے خدمات انجام دے رہے ہیں۔

انتخاب عالم صاحب ملک ملک کے شعراء اور مشرق و مغرب کے اردو دانوں اور شعر و ادب کے مزاج سے نہ صرف واقف ہوئے بلکہ اردو شاعری ان کی ذات میں رچ بس گئی یہی وجہ ہے کہ وہ غیر زبانوں کے اردو شاعر ہونے پر فخر کرتے ہیں۔ ان کی کئی عدد تصانیف، تخلیقات و تالیفات بھی منظر عام پر آ چکی ہیں بلکہ تراجم کی کتابیں بھی ممتاز حیثیت رکھتی ہیں۔

''گلبانگِ وفا'' ان کا شعری مجموعہ ہے۔ جبکہ دوسرا مجموعہ ''آبلہ پا'' زیر ترتیب ہے۔ پاکستان کے فلمی گیتوں اور قومی نغمات کا ترجمہ بھی چینی زبان میں شائع ہو چکا ہے۔ اردو چینی لغت بھی ان کا اہم کام ہے۔ زیادہ توجہ کی بات یہ کہ انہوں نے ''اردو عروض پر'' بھی ایک کتاب تحریر کی ہے۔ غرضیکہ ان کی ادبی خدمات میں تقریباً ڈیڑھ سو مضامین مطبوعہ و غیر مطبوعہ اہلِ فکر و نظر کی توجہ چاہتے ہیں۔

انتخاب عالم انتہائی شرمیلی طبیعت کے مالک ہیں۔ سادہ مزاج اور خوش خلق ہونے کے ساتھ بات کو جلدی سمجھتے ہیں اور اپنی ذات میں سمیٹ لیتے ہیں۔ انہیں انڈس کالج (پاکستان) کے مشاعروں اور مذاکروں میں بھی مدعو کیا جا چکا ہے جو میرے اور انکے رابطوں میں اضافہ کا باعث ہوا۔ انہوں نے پاکستان، بھارت، متحدہ امارت کے علاوہ امریکہ اور دیگر ممالک میں بھی اپنی اردو دانی کا جادو جگایا ہے اور اسلام آباد تو ان کا گھر آنگن ہے۔

انتخاب عالم کی نظموں میں ''سیرِ کشمیر'' ''چاند'' ''مینار پاکستان'' ''فلسطین مجاہدوں کے نام'' سر فہرست ہیں۔ ان کی نظموں کی چند لائن ملاحظہ فرمائیں:

دیکھ کریاں کوہ پر لٹکا ہوا اک آبشار
مٹ گیا ہے اس جگہ پر فرقِ ارض و آسمان
چاند کا کیا ہے۔ اب پوچھتا کوئی نہیں

اس طرز کی زبان و بیان، گہرائی و گیرائی ایک غیر زبان والی شخصیت کے قلم سے یقیناً چونکا دینے والی حقیقت ہے ان کے کلام میں مجھے جا بجا ایسا ہی کمالِ فن نظر آیا ہے۔ جیسے ''کوہ پر لٹکا ہوا آبشار'' ''ارض و آسماں کا فرق'' ''چاند کا کیا حال ہے'' وغیرہ وغیرہ۔ اس مضمون میں میرا مقصد کوئی تنقیدی اظہار نہیں ہے بلکہ میں شاعر کا تعارفی اور تاثراتی مطالعہ پیش کرنا چاہتا ہوں۔

انتخاب عالم کی غزلوں کو بھی دیکھیں تو ان کا احساسِ جمال اور ندرتِ خیال ''دیوارِ چین'' کی طرح فرشِ زمین پر کنڈلی مارے کسی خوبصورت کوبرے کی طرح براجمان نظر آتا ہے۔ ملاحظہ فرمائیں:

مرے گلے میں کوئی ہار بھی نہیں لیکن
چمک رہے ہیں گریباں پہ یہ گہر کیسے

بولنے کا حق گیا، رونے کا باقی ہے مگر
آج اشکوں سے کریں گے گفتگو ہم اور تم

سائباں کی کیا ضرورت بیٹھتا ہوں دھوپ میں
یا شجر کی چھاؤں میں یا سایۂ دیوار میں

صبا نے چھیڑ دیا پھول کھلکھلانے لگے
ہجومِ خار میں گو یہ گھرا ہوا تو ہے

گناہِ عشق کی کیسی سزا ملی ہم کو
کہ سنگِ بار زیادہ تھے سر اکیلا تھا

وقت دریا ہے کوئی جھیل نہیں ہے عالمؔ
راہ میں غم ہو خوشی ہو یہ گزر جاتا ہے

انتخاب عالم صاحب عالمِ اردو میں قدرت کا ایک اچھوتا انتخاب معلوم ہوتے ہیں اور دوست اس قدر کہ ابھی گذشتہ دنوں فون پر ان سے گفتگو ہوئی تو انہوں نے پھر مجھے تاکید کی آپ کسی بھی طرح کسی ادبی وفد میں چین ضرور آیئے۔ میرے مطالبے پر آیئے۔ جس طرح آپ بھائی گلزار جاوید کے مطالبے پر میرے لیے مضمون لکھ رہے ہیں اس مضمون کی تکمیل ہونے پر مجھے لگا کہ شاید میں ''چین'' کا سفر کر آیا۔

''اقرارِ وفا کا بڑا دروازہ''

آفتاب اقبال شمیم

(اسلام آباد)

چانگ شی شوان جس کا پاکستانی نام انتخاب عالم ہے اس وقت ہمارے درمیان موجود ہیں۔ دراصل انتخاب عالم ان کے چینی نام کا اردو ترجمہ ہے جسے ہمارے دوست حامد علی ہاشمی نے کوئی ستائیس اٹھائیس برس پہلے ان کے لیے تجویز کیا اور اب یہی نام پاکستان میں انکی شناخت بن گیا ہے۔

چانگ شی شوان یعنی انتخاب عالم سے میری پہلی ملاقات ۱۹۷۲ء کے کسی مہینے میں ہوئی۔ اس وقت انتخاب عالم چین کے اردو رسالے ''چین باتصویر'' کے نائب مدیر تھے اور میں پیکنگ (بیجنگ) یونیورسٹی میں طلباء کو پڑھانے پر مامور تھا۔ پہلی ہی ملاقات میں عام چینیوں سے ان کے قدرے بڑھے ہوئے قد کاٹھ لطیف حسِ مزاح، بے تکلفی اور بالخصوص انکی اردو زبان کے ساتھ نئے نئے عاشقوں جیسی اٹھکیلیوں نے مجھے متوجہ کیا۔ لیکن اس سے پہلے کہ وارداتِ عشق کے اس ابتدائیے کی پینگ کو بڑھتے ہوئے دیکھتا مجھے پاکستان لوٹنا پڑا۔

جب میں ۱۹۷۸ء میں دوسری بار چین گیا تو میں نے انتخاب عالم کو اردو زبان سے تاک جھانک کے مرحلے سے بہت آگے دشتِ شاعری میں بادیہ پیمائی کرتے ہوئے پایا۔ اور مجھے اس سنی سنائی بات کا عملی ثبوت ملا کہ عشق اپنے فاصلے پاؤں پر نہیں، جستوں میں طے کرتا ہے۔ ان دنوں انتخاب عالم ہمارے مرحوم دوست مظفر حسن رزمی کے ساتھ مل کر ماؤزے تنگ کی نظموں کا منظوم ترجمہ کر چکے تھے۔ اس موقع پر مجھے ان کے ساتھ نشست در نشست بیٹھ کر اس ترجمے پر نظر ثانی کرنے کا اعزاز ملا۔ اور انکشاف یہ ہوا کہ انتخاب عالم کو اردو شاعری کے فنِ عروض، سر و تال اور عشوہ و ادا کی خاصی درک ہو چکی تھی، کچھ اکتساب و ریاضت کے ذریعے اور کچھ قدرت کی ودیعت کردہ موزونیٔ طبع کے طفیل۔ لیکن اس سے بڑھ کر کلاسیکی چینی شاعری کی بے مثال مشکل پسندی اور خود ماؤزے تنگ کی بیشتر نظموں کا کلاسیکی آہنگ، انتخاب عالم کے لیے فنِ غزل گوئی پر دسترس پا لینے کا باعث بنے۔ پھر ایک روز خبر ملی کہ انتخاب عالم نے عشق بازی چھوڑ کر پیشۂ عشق اختیار کر لیا ہے۔ یہ ۱۹۷۹ء کے اوائل کی ایک شام کا واقعہ ہے کہ انتخاب عالم اچانک میرے فلیٹ میں داخل ہوئے۔ ایک تسمہ کھلا ہوا، گریبان چاک تو نہیں تھا، لیکن خلافِ معمول کھلا ہوا ضرور تھا، بال بکھرے ہوئے، چہرہ تمتمایا ہوا اور سانس میں تھوڑا سا لرزہ۔۔۔۔ مجھے اچانک سبطِ علی صبا یاد آ گیا جو اسی شانِ نزول کے عالم میں میرے پاس آتا تھا اور سانس کو بے ترتیب کپڑوں کی گٹھڑی کی طرح کھولتے ہوئے کہتا تھا: ''غزل ہو گئی'' بالکل یہی جملہ انتخاب عالم نے بھی دہرایا: ''غزل ہو گئی'' اور اس کے بعد ہم تینوں یعنی انتخاب عالم، غزل اور میں حافظ کے اس معروف شعر کی حلقہ بگوشی میں آ گئے:

درایں جہان رفیقے کہ خالی از خلل است
صراحیٔ مئے ناب و سفینۂ غزل است

۱۹۸۱ء میں جب میں چین سے واپس آیا تو اس وقت انتخاب عالم اسلام آباد میں نیمل (نیشنل یونیورسٹی آف ماڈرن لینگویجز) کے شعبۂ اردو میں زیرِ تعلیم تھے، لیکن ان کے اصل اتالیق شعبے سے باہر واقع تھے۔ اسلام آباد کے کسی سیکٹر میں جہاں ''بزمِ جام'' کی ہفت روزہ شعری نشستیں منعقد ہوتی تھیں وہ باقاعدگی سے داد سمیٹنے جایا کرتے تھے۔ ایک روز کہنے لگے ''یار ایسی محفلیں تو کسی ثقافت کی جان ہوتی ہیں۔ اس طرح کی شعری نشستیں چین میں بھی ہونے لگیں تو کیا اچھا ہو'' اور ہاں یاد آیا یہ ایک تاریخی واقعہ ہے کہ ۱۳۰۰ سال پہلے تھانگ خاندان کے دور میں چینی شاعر اسی طرح کی شعری نشستیں منعقد کیا کرتے تھے۔ اگرچہ یہ نشستیں خوبصورت مقامات پر کھلی فضا میں لگتی تھیں اور شاعر اس دوران چٹانوں پر اپنے منتخب اشعار کی خطاطی بھی کرتے تھے لیکن بند کمروں میں بپا ہونے والی شعری نشستیں بھی انتخاب عالم کو بہت بھائیں۔ ان کا خیال تھا کہ ان محفلوں میں فکر و فن کے تہذیبی اثاثے کی آبیاری ہوتی ہے اور اہلِ فن ایک دوسرے کے خیال و جذبے کے نو دریافتہ علاقوں سے روشناس ہوتے ہیں۔

انتخاب عالم سے میری تیسری ملاقات ۱۹۸۹ء میں اس وقت ہوئی جب چین میں ''۴ جون'' کا مشہورِ زمانہ واقعہ مطلعِ غیب سے منظرِ شہود پر آنے والا تھا۔ بیجنگ جو ہمیشہ سے کبھی دھوپ کی لمبی اونگھ میں اور کبھی زمستان کی سرد خوابی میں سکون کی چادر اوڑھے دراز نظر آتا ہے، اچانک حالتِ اضطراب میں آ گیا تھا۔ اور ایسی فضا شاعر سے زیادہ اور کسے متاثر کر سکتی ہے! خالص غیر سیاسی ذہن رکھنے والے انتخاب عالم پر اس سرایت پذیر فضا کا یہ اثر ہوا کہ وہ غزلائے گئے اور تازہ غزل نئی غزلوں کے مکھڑے، متفرق اشعار اور سب سے بڑھ کر سامعین کی تلاش۔ وہاں پر احفاظ الرحمان، اقبال احمد خان اور میرے سوا ان کا سامع کون تھا؟ ہاں ایک صاحب اور بھی تھے سفیرِ پاکستان اکرم ذکی لیکن وہ ذرا دور رہتے تھے اور انتخاب عالم کے ان تابڑ توڑ غزلیہ حملوں سے محفوظ تھے۔ بہر طور غزلوں کی اس پے در پے گل باری کا سب سے زیادہ اثر مجھ پر پڑا۔ اور اپنے وطن سے ہزاروں میل دور ایک اجنبی ثقافت کی فضا میں مجھ پر یہ بات کھلی کہ غزل شاید کوئی انوکھا گلِ لالہ ہے جس سے مئے عشق بلکہ مئے مرد افگنِ عشق کشید ہوتی ہے جس کا ایک جُرعہ زمانی اور مکانی دوریاں مٹا دیتا ہے۔ چنانچہ میں جو صرف اور صرف نظم لکھا کرتا تھا اچانک غزل کہنے لگا۔ یہ انتخاب عالم کا مجھ پر ایک احسانِ خاص ہے جس نے مجھے ثقافتی تنہائی میں زندہ رہنے کا سلیقہ سکھایا۔

چین میں میرا چوتھا پڑاؤ ۱۹۹۳ء سے ۱۹۹۷ء تک رہا۔ اب انتخاب

عالم اردو کے ایک مستند اور پختہ کار شاعر بن چکے تھے۔ بیجنگ میں ہماری آوارگیاں اب تواتر کے ساتھ ہونے لگیں۔ کبھی پبلک بسوں اور زیرِ زمین ٹرینوں میں ایک طویل اور بے مقصد سفر پر نکل گئے، کبھی گوتم بدھ، کنفیوشس اور لاؤزی کے مندروں کا طواف کیا، کبھی نیو جئے کی مسجد کے مضافات سے ہوکر لوٹ آئے اور کبھی بھرے بازاروں میں سودا سلف خریدنے کے بہانے پہروں گھوم لیا۔ واپس آ کر معلوم ہوا کہ چلتے ہوئے بے خیالی میں دوسروں سے کندھے ٹکرانے کا درد اور بے ترتیب چلنے کا خمیازہ بعد میں بھگتنا پڑتا ہے۔ اور آوارگیوں کا ایک عکس آئینہ خیال میں رہ رہ کر ابھرتا ہے کہ میں سر جھکائے بے ترتیب سا چل رہا ہوں اور انتخاب عالم افق سے کچھ اوپر نظریں جمائے مجھ سے کوئی ایک فرلانگ آگے نکل گئے ہیں اور اس وقت اُس کوئے شعر میں گامزن ہیں جس میں چلتے ہوئے سنگِ راہ کی ٹھوکر بھی کچھ یوں لگتی ہے جیسے اس میں زمانہ ہو۔ یہ آوارگیاں اور ہمارے مشترکہ دوستوں اقبال احمد خان اور نسیم باز خان کی بے قاعدہ اور بے ساختہ نشستیں اور فون پر اکثر یہ اعلان "بھئی ہوگئی غزل چلے آؤ" یہاں غمِ جہاں کا حساب کرتے ہوئے کسی یاد کی بے حسابیوں کا گنوانا مقصود نہیں بلکہ ایک ثقافت کے سمندر میں دوسری ثقافت کے ابھرتے ہوئے جزیرے کا تذکرہ کرنا مقصود ہے جہاں سے چنے ہوئے غزل کے مرجان وگوہر اب ایک کتاب "گلبانگِ وفا" میں ضوفشانی کر رہے ہیں۔ اور حیرت ہے کہ عجمی مزاج کا یہ نوشینہ جسے ہم غزل کہتے ہیں اپنے اندر چینی ذائقوں اور رنگوں کو سمو لینے کی کیسی بے مثال صلاحیت رکھتا ہے۔ یہ ایک ایسی لذّتِ دگر ہے جسے ہم اپنی ثقافتی تاریخ میں پہلی بار چکھ رہے ہیں۔

"گلبانگِ وفا" کا چھپنا ایک ثقافتی واقعہ ہے۔ یہ بات اپنے طور پر بھی کچھ کم باعثِ اعزاز نہیں کہ انتخاب عالم نے اردو ادب کی تاریخ میں اپنا نام لکھوالیا ہے۔ لیکن اصل واقعہ یہ ہے کہ ایک فرزندِ چین نے زبانِ شعر میں اپنی ساری محبتیں ہم پاکستانیوں پر لٹادی ہیں۔ ہم اُس وراثت کے جانشین ہیں جو شاعری کو روحانیت کا درجہ دیتی ہے۔ سچی شاعری مئے مردافگنِ عشق کا ایک گھونٹ پئے بغیر ہو ہی نہیں سکتی۔ پاکستان اور پاکستانیوں سے غیر مشروط محبت کا اقرار تو "گلبانگِ وفا" کی شاعری کا مرکزی دھارا ہے ہی لیکن اس سے قطعِ نظر فنی سطح پر کسی شاعر کا ایک اجنبی زبان اور بالخصوص اس کے شعری مزاج پر عبور حاصل کر لینا بجائے خود ایک معجزے سے کم نہیں۔

ہم اس امر سے تو واقف ہیں کہ اہلِ چین دیوار بنانے میں کوئی ثانی نہیں رکھتے۔ لیکن اس بار ہم پر یہ بھی منکشف ہوا کہ وہ دروازہ بنانے میں بھی بے نظیر ہیں۔ میری نظر میں "گلبانگِ وفا" اقرارِ وفا کا وہ بڑا دروازہ ہے جسے انتخاب عالم نے وارفتگیٔ شوق میں چین اور پاکستان کے درمیان کھولا ہے اور جو ہمیشہ کھلا رہے گا۔ یہ الگ بات ہے کہ یہ اُن کا ہم پر یک طرفہ احسان ہے۔ جہاں تک میرا علم ہے ابھی تک کسی پاکستانی سے چینی مزاج کی شاید ہی کوئی نظم سرزد ہوئی ہو۔

کون ہوتا ہے حریفِ مئے مردافگنِ عشق

" دستخط کرو "

چینی بھائیوں میں جو انکساری وملنساری ہے اس نے انتخاب عالم کو بڑا مقام عطا کیا ہے۔ عجز انسان کو طاقتور بناتا ہے۔ پانی ہمیشہ نشیب کی طرف جاتا ہے۔ پاؤں پکڑتا ہوا نظر آتا ہے۔ یہی پانی موج میں آئے تو دریاؤں کے دل چیر دیتا ہے۔ چینیوں نے انقلاب کی تاریخ میں بھی اپنی بلندیوں کی کہانیاں لکھی ہیں۔ کسی غیر زبان میں اتنی مہارت سے شاعری کرنا عظمتوں کی ایک الگ روایت ہے۔۔۔۔ بابر کے ایک اور شخص نے اردو کے ایک کلاسیکی ادب، جدید ادب اور اس علاقے کے تمدن کا اتنا گہرا مشاہدہ کیسے کر لیا۔۔۔۔ میں نے بہت سے غیر ملکی افراد کی اردو تخلیقات دیکھی ہیں، شاعری بھی سنی ہے مگر جو تفکر اور فلسفہ انتخاب عالم کے ہاں پایا جاتا ہے اس سے ایک اور سوال پیدا ہوتا ہے کہ کیا انتخاب عالم نے چینی زبان میں بھی اس قسم کی شاعری کی ہے؟ یہ خوبصورت باتیں، الفاظ پر یہ قدرت۔۔۔۔ یار انتخاب، تم کیا بلا ہو! سمجھ میں نہیں آتا کہ اس شخص کو کیسے داد دوں۔۔۔۔ بس یہی سمجھ میں آتا ہے کہ میں ایک اسکول گرل ہوتا تو انتخاب عالم کے سامنے اپنی آٹوگراف بک پیش کر کے کہتا "۔۔۔۔ دستخط کرو۔۔۔۔ اس آٹوگراف بک پر صرف تمہارے دستخط ہوں گے"

اشفاق احمد

(●)

’’ذرا انتظار اور سہی‘‘

امجد اسلام امجد
(لاہور)

ہمارے خفتہ مقدر کو جاگنا تو ہے
بہت کیا ہے، ذرا انتظار اور سہی

ہمت، ارادے اور امید سے چھلکتا ہوا یہ شعر ایک چینی شاعر چانگ شی شوان کا ہے جس کے نام کا اردو ترجمہ انتخاب عالم ہے۔ یہ اردو کا پہلا چینی نژاد صاحبِ دیوان شاعر ہے جس کا شعری مجموعہ ’’گلبانگِ وفا‘‘ کے نام سے حال ہی میں شائع ہوا ہے۔

پاک چین دوستی اب اللہ کے فضل سے اپنی چھٹی دہائی مکمل کرنے والی ہے۔ اس دوران میں دونوں ملکوں کی حکومتوں اور عوام کے باہمی تعلقات میں جس گرمجوشی اور تسلسل کا مظاہرہ کیا گیا، وہ آج کل کی مفادات سے وابستہ عالمی سیاست میں اپنی جگہ پر ایک درخشاں مثال ہے۔ ۶۵ء اور اے کی جنگوں اور ان کے بعد پیدا ہونے والے کئی بحرانوں میں چین نے پاکستان کا ہمیشہ کھل کر اور بھرپور ساتھ دیا اور پاکستان نے بھی کسی امتحان کے موقع پر لغزش نہیں کی، لیکن اس سے بھی زیادہ روشن اور قابلِ فخر تعلق کی وہ فضا ہے جو دونوں ملکوں کے عوام کے درمیان قائم اور بڑھ رہی ہے۔

گزشتہ چند برسوں سے دونوں ملک، ثقافتی وفود کے تبادلے کے ایک معاہدے کے تحت ایک دوسرے کی میزبانی اور مہمانی کا لطف اٹھا رہے ہیں۔ ایک برس ادھر کے شاعر، ادیب اور فنکار ادھر جاتے ہیں اور اگلے برس یہی سلسلہ ایک جوابی دعوت کے طور پر چلتا رہتا ہے۔ ۱۹۹۲ء کے پاکستانی وفد کے ساتھ ہمیں بھی چین جانے کا موقع ملا۔ ہمارے پروگرام میں چار چینی شاعر بیجنگ، شنگھائی، ہانگ چو اور سوچو شامل تھے۔ پندرہ روزہ اس دورے کے دوران ہمیں بس اتنا ہی چین دیکھنے کا موقع مل سکا (جو یقیناً دیگ کا دانہ چکھنے سے بہت زیادہ تھا) مگر اس دوران میں ہر جگہ اور ہر مقام پر چینی حکومت کے عہدیداروں، ادیبوں اور عام لوگوں نے جس غیر معمولی محبت اور اپنائیت کا اظہار کیا، اسکا خوشگوار احساس ابھی تک ہماری یادوں میں پھیلا ہوا ہے جس کا ذکر ہم نے اپنے سفرنامے ’’ریشم ریشم‘‘ میں تفصیل کے ساتھ کیا ہے۔ چانگ شی شوان عرف انتخاب عالم سے تعارف اگرچہ اس سے پہلے ہو چکا تھا اور اچھی خاصی ملاقات بھی تھی مگر بیجنگ میں اس سے ملنے کا اور ہی لطف تھا کہ یہاں نہ صرف آپس میں تبادلۂ خیال کا بار بار اور تفصیلی موقع ملا بلکہ ہم نے اس کی وساطت سے ایک اصلی چینی گھر بھی دیکھا۔ چینی معاشرے اور معاشرت کا یہ روپ ایسا ہے جو کسی سرکاری دورے کے دوران ملنا ناممکن کی حد تک مشکل ہوتا ہے۔ ایک بڑی سی عمارت کی تیسری یا شاید چوتھی منزل پر ایک سادہ اور چھوٹے سے فلیٹ میں جس کی سیڑھیوں پر درجنوں کے حساب سے سائیکلیں پارک کی گئی تھیں، وہ اپنی بیوی اور بیٹے کے ساتھ رہ رہا تھا۔ اس گھر میں اشیا تو زیادہ نہیں تھیں لیکن محبت، گرمجوشی، اعتماد اور گرہستی کی مہک اُمڈ پڑ رہی تھی۔ اسکی بیگم نے بیماری کے باوجود پاکستانی کھانوں سے ہماری تواضع کی اور ہمیں چین کے خاندانی نظام، معاشرتی روایات اور انقلاب کے بعد کی ثقافتی تبدیلیوں کے بارے میں معلومات کے ساتھ ساتھ پہلی بار انتخاب عالم کے کلام کو تفصیل سے دیکھنے اور سننے کا موقع ملا۔

ایک ایسا شخص جس نے ایک بالکل اجنبی زبان عمر کے درمیانی حصے میں سیکھی ہو اور جس کے بولنے اور سمجھنے والوں کی تعداد اسکے ڈیڑھ ارب آبادی والے ملک میں محض چند سو افراد پر مشتمل ہو، اس زبان میں ایسے اچھے، گٹھے ہوئے، نک سک سے درست اور تخلیقی اشعار کیسے کہہ سکتا ہے! یہ بات شاید ہم بھی دل سے تسلیم نہ کر پاتے، اگر بچشمِ خود اس کا مشاہدہ نہ کیا ہوتا۔ پہلے چند شعر دیکھئے:

وقت دریا ہے، کوئی جھیل نہیں ہے عالم
راہ میں غم ہو، خوشی ہو، یہ گزر جاتا ہے

ذرا طویل ہے رستہ تو کیا ہوا عالم
کہ بادبان ہوا میں کھلا ہوا تو ہے

دیکھتی آنکھوں سے ہم چپ چاپ سنتے ہی رہے
گفتگو جاری تھی رنگِ گل پہ نابیناؤں میں

بشر بس غم منانے کے لئے دنیا میں آتا ہے
دمِ آمد وہ روتا ہے، دمِ رخصت رلاتا ہے

کتابِ دہر میں جس کا جواب درج نہیں
تمام عمر وہی ہم سوال کرتے ہیں

بولنے کا حق گیا، رونے کا باقی ہے مگر
آج اشکوں سے کریں گے گفتگو ہم اور تم

کبھی ’’نہیں‘‘ کے بجائے ذرا کہو ’’ہاں‘‘ بھی
’’نہیں‘‘ کے لفظ سے یہ لفظ مختصر تو ہے

مجھے کس درجہ عادت پڑ چکی ہے دھوکا کھانے کی
کوئی آتا نہیں تو در کو خود ہی کھٹکھٹاتا ہوں

اب اگر ان اشعار سے انتخاب عالم کا نام ہٹا دیا جائے تو انہیں بہ آسانی کسی بھی پاکستانی جدید شاعر کا کلام کہہ کر پیش کیا جاسکتا ہے۔ اردو شاعری کی روایت اور جدید اظہاری پیرایوں پر یہ غیر معمولی دسترس چانگ شی شوان کو ہم عصر دنیا میں ان تمام لکھنے والوں سے ممتاز اور منفرد کرتی ہے جن کے لیے اردو ایک غیر ملکی اور اجنبی زبان ہے۔

انتخاب عالم کا یہ مجموعہ ''اکادمی ادبیات پاکستان'' نے شائع کیا ہے۔ کتاب کی نوعیت، اہمیت، انفرادیت اور پاک چین تعلقات کی گہرائی اور وسعت کے پیشِ نظر اس کی طباعت کا معیار کچھ ایسا زیادہ حوصلہ افزا نہیں ہے۔ مانا کہ گزشتہ دور میں اکادمی کی مطبوعات کی پیشکش میں اِسراف کا مظاہرہ کیا گیا تھا لیکن مستثنیات سے قطعِ نظر وہ کتابیں خاصی دیدہ زیب اور پیشکش کے قابل تھیں۔

چلتے چلتے اس معاملے کے ایک اور پہلو کی بات بھی ہو جائے۔ قیام پاکستان کے بعد کے تیس برسوں تک ابنِ انشاء مرحوم کی ''چلتے ہو تو چین کو چلیے'' اور اشفاق احمد کی ''چنگو ہ پاچستان'' سے قطعِ نظر چین کے بارے میں کوئی قابل ذکر تحریر دیکھنے میں نہیں آئی۔ ثقافتی اور ادبی وفود کے تبادلے کے پروگرام میں اگرچہ پچاس کے قریب ادیب، شاعر اور قلم کار چین جا چکے ہیں مگر اسلم کمال، حسن رضوی، عنایت اللہ فیضی اور ہمارے علاوہ غالباً کتابی شکل میں کسی نے اپنے سفر اور مشاہدات کی روداد نہیں لکھی (اے حمید صاحب نے کچھ مضامین اور کوکب خواجہ نے ''نی ہاؤ'' کے عنوان سے ایک کتاب ضرور لکھی ہے) ہمارے علم اور معلومات کے مطابق اکادمی کی اپنے ہی پروگرام سے دلچسپی کا یہ عالم ہے کہ آج تک ان کتابوں کو چین سے متعارف کرانے یا چینی میں ترجمہ کرانے کی ضرورت ہی محسوس نہیں کی گئی، حالانکہ دونوں ملکوں کے عوام اور لکھنے والوں کی سطح پر جو کام یہ کتابیں کر سکتی ہیں، وہ شاید یہ وفود بھی نہیں کر سکتے۔

''یہ دن جدائی کے''

عطاء الحق قاسمی

(لاہور)

شہروں میں شہر لاہور کے بارے میں کہا جاتا ہے کہ جس نے لاہور نہیں دیکھا اس نے کچھ نہیں دیکھا۔ اور اب ہمارا ملکوں کے حوالے سے یہ خیال ہے کہ جس نے چین نہیں دیکھا اس نے کچھ نہیں دیکھا۔ تاریخ، ثقافت اور مناظر فطرت کے لحاظ سے یہ غالباً دنیا کے ''امیر ترین'' ملکوں میں سے ہے۔ ہمیں پاکستان کے اس عظیم ترین برادر ملک کی ''امارت'' کا ایک اندازہ چانگ شی شوان سے مل کر ہی ہوا۔ چانگ شی شوان سے ہماری ملاقات بیجنگ میں ہوئی جب چین کی رائٹرز ایسوسی ایشن نے پاکستانی ادیبوں کے وفد کے اعزاز میں ایک استقبالیے کا اہتمام کیا۔ استقبالیے کے اختتام پر ایک چینی دوست ہماری طرف آئے اور ہم سے ہاتھ ملاتے ہوئے اردو میں کہا: ''میرا نام انتخاب عالم ہے'' اس پر ہم نے حیرت سے ان کی طرف دیکھا جس پر ان کے چہرے پر ایک مسکراہٹ نمودار ہوئی اور انہوں نے کہا ''اصل نام چانگ شی شوان ہے'' جس کا اردو میں ترجمہ ''انتخاب عالم'' ہے۔ ''اچانک ہمیں یاد آیا کہ موصوف تو کچھ عرصہ اسلام آباد میں بھی گزار کر آئے ہیں'' چینی ہوتے ہوئے اردو میں شعر کہتے ہیں اور عالم تخلص فرماتے ہیں۔

اس ملاقات تک ہم جناب چانگ شی شوان کے بارے میں صرف یہی کچھ جانتے تھے لیکن اس کے بعد ان سے مختلف مواقع پر ہونے والی ملاقاتوں مین ہم پر ان کی شخصیت کے بہت سے بھید کھلے۔ پہلے تو ہم ان کے چہرے پر نظر آنے والی سدا بہار مسکراہٹ سے متاثر ہوئے۔ آپ یقین جانیے کہ بیجنگ میں جتنی دفعہ بھی ہماری ان سے ملاقات ہوئی اور یہ ملاقات جتنی دیر جاری رہی، موصوف کے چہرے پر ہم نے مسلسل ایک نہایت خوبصورت مسکراہٹ دیکھی، ایسی مسکراہٹ جو چہروں کو طلوع سحر کی طرح دلکش بنا دیتی ہے۔ چانگ شی شوان میں حسنِ ظرافت بھی بدرجہ اتم موجود ہے۔ اچھے فقرے پر کھلکھلا کر ہنستے بھی ہیں اور اچھا فقرہ کہنے سے چوکتے بھی نہیں ہیں۔ ان کی شخصیت میں دوسرا خوبصورت عنصر خلوص اور دوستانہ وارفتگی کا جذبہ نظر آیا۔ وہ ہم سے ایسے ملتے تھے جیسے برسوں کے آشنا ہیں اور اس برسوں کی آشنائی میں شبہ بھی کوئی نہیں ہے، بلکہ سچ پوچھیں تو یہ شناسائی برسوں پر نہیں، صدیوں پر محیط ہے اور اس صدیوں پرانے تعلق کا اندازہ ہمیں ان کی اردو شاعری سن کر اور پڑھ کر ہوا۔

یہ جو بیان ہم نے دیا ہے ان کی اردو غزل پڑھ کر دیا ہے جس میں اردو کی پوری کلاسیکی روایت اس خوبصورتی سے در آئی ہے کہ یقین ہی نہیں آتا کہ غزل کے یہ شعر ایک ایسے شاعر نے کہے ہیں جس کی مادری زبان اردو نہیں ہے اور جس کی مادری زبان کی شعری روایت اردو کی شعری روایت سے جس کا اظہار اس کی غزل میں ہو رہا ہے، کوئی مماثلت نہیں رکھتی۔ چانگ شی شوان کی اردو غزل پڑھتے ہوئے انسان ایک عجیب طرح کی حیرت میں گم ہو جاتا ہے کہ یہ چینی شاعر اس قدر پختہ تخلیقی اظہار پر قادر کیونکہ ہوا؟ چین تو یوں بھی پاکستان کا دوست ہے، لیکن ہمارے ورثے سے گہرے تعلق کی بناء پر چانگ شی شوان کی پاکستان سے محبت باقاعدہ غزل کے روپ میں ڈھلتی نظر آتی ہے، چنانچہ جب چانگ شی شوان انتخاب عالم پاکستان میں کچھ عرصہ گزار کر دسمبر ۱۹۸۲ء میں اپنے وطن چین کیلئے روانہ ہونے والے تھے تو انہوں نے سوز و گداز میں ڈوبتی ہوئی ایک غزل کہی، اس کے چند شعر آپ بھی سنیں:

مری جدائی کی گل نے سنی خبر کیسے
دمِ سحر ہی ہوئی اس کی چشم تر کیسے

ہوا ہے وقتِ سفر، طائروں نے پر کھولے
اداس صحنِ چمن میں ہے ہر شجر کیسے

وہی ہے شہرِ منوّر، وہی ہیں شمس و قمر
مجھے سے آج نظر آ رہے ہیں پر کیسے

مرے گلے میں کوئی ہار بھی نہیں لیکن
چمک رہے ہیں گریباں پر یہ گہر کیسے

کبھی تھی ایک گھڑی ایک ماہ پر بھاری
یہ ماہ ایک گھڑی میں ہوا بسر کیسے

یہ دن جدائی کے عالم گزر ہی جائیں گے
نہ پوچھ ہم سے کہ آؤ گے لوٹ کر کیسے

جناب چانگ شی شوان جب بیجنگ میں سفیر پاکستان جناب محمد اکرم ذکی کے گھر پر منعقد ہونے والی کسی شعری نشست میں اپنا کلام سناتے ہیں تو وہ اپنے لب و لہجہ اور تلفظ کے حوالے سے بھی بہت پیارے لگتے ہیں۔

واضح رہے سفیرِ پاکستان جناب محمد اکرم ذکی خود بھی ایک قادر الکلام اور بہت خوبصورت شاعر ہیں، بیجنگ میں ان کی موجودگی کی وجہ سے اس طرح کی محفلیں منعقد ہوتی رہتی ہیں جن میں سے ایک محفل میں ہم نے بھی جناب عالم کو پڑھتے سنا اور ان کی ادائیگی پر بھی فریفتہ ہوئے۔

''چمن پہ ڈال نظر''

غالب رضا گیلانی
(قاہرہ، مصر)

انسانی زندگی میں حصول علم کی ابتداء اسکول جانے سے شروع ہوتی ہے اور یہ سلسلہ ساری عمر جاری رہتا ہے۔ لیکن جو باتیں ہم لوریوں کی صورت میں ماں کی زبان سے سنتے ہیں ان کا نقش ہماری شخصیت پر ثبت ہی نہیں ہوتا بلکہ روح میں کہیں بیٹھ جاتا ہے جس کا اظہار تاحیات مختلف صورتوں میں ہوتا رہتا ہے۔ آپ جانتے ہیں کہ ارضِ پاک کی مائیں مسلم فاتحین کے حالاتِ زندگی بتا کر اپنے بچوں کے حوصلے بڑھاتی ہیں اور برادر ملک چین کے جغرافیائی حسن کے ماورائی قصے سنا کر ان کا دل خوش کرتی ہیں۔ یہی سبب ہے کہ چین کی سرزمین اور چینی عوام ہم پاکستانیوں کے لیے غیر معمولی اہمیت اور عزت وتکریم کے حامل ہیں۔ شاید اس تقدس کا نتیجہ ہے کہ ہم امام غزالی کے قول ''علم حاصل کرو خواہ چین ہی جانا پڑے'' کو اکثر حدیث کا درجہ دیتے ہیں۔

میں نے بھی چین کا نام صغرِ سنی میں اس طرح کے کئی حوالوں میں اپنی والدہ سے سنا تھا۔ انہیں دلپذیر حوالوں میں سے ایک حوالہ مشکِ ختن کا بھی تھا جس کا ذکر کرتے ہوئے والدہ نے مجھے بتایا تھا کہ ختن کی خوشبو سے دماغ کے ساتھ ساتھ انسان کی روح بھی معطر ہو جاتی ہے۔ چنانچہ چین پہنچنے کے بعد میں نے ان حوالوں کی تفسیر اور اپنے خوابوں کی تعبیر ڈھونڈنا شروع کی۔

بیجنگ میں آمد کے تقریباً دس ہی روز بعد پاکستان کالج میں ۹ نومبر ۱۹۹۷ء کو ''یوم اقبال'' کی تقریب میں راقم کو بطور میزبان جناب چانگ شی شوان انتخاب عالم اور شعبۂ اردو بیجنگ یونیورسٹی کے مندوبین کا استقبال کرنے کا شرف حاصل ہوا۔ چینی دوستوں کے شگفتہ چہروں اور اظہارِ محبت نے مجھے رنجِ مسافرت بھلا دیا۔

اس تقریب میں جناب انتخاب عالم نے شاعرِ مشرق کو منظوم خراجِ عقیدت پیش کیا۔ نظم کا ایک ایک لفظ محبت واحترام میں ڈوبا ہوا تھا جسے سن کر دماغ معطر اور دل شاد ہو گیا۔ دل ودماغ کی شادابی کی ایسی کیفیت دیوارِ چین اور بعض دوسری جگہوں پر بھی محسوس ہوتی۔ اسی دوران مجھے ''گلبانگِ وفا'' کا تحفہ مرحمت ہوا جسے پہلی ہی نشست میں پڑھ چکنے کے بعد دماغ کے ساتھ ساتھ روح بھی معطر ہوئی اور یوں مجھے مشکِ ختن کی تفسیر مل گئی۔ پاکستان کے ایک سچے دوست کے سچے جذبات نے مجھ پر ویسی ہی کیفیت طاری کی جو انتخاب عالم پر قیامِ پاکستان کی دوران ''نرم ونازک بادوباراں'' نے کی تھی۔ یہ احساس اس قدر پرکیف اور روح پرور تھا کہ میں آپ کو بھی اس میں شامل کرنا چاہوں گا۔

چل رہی ہے لے بہ لے
ہلکی ہلکی نرم بادِ مشک بار
میرے تن سے خاکِ راہ
چپکے چپکے لے اڑی
بہرِ استقبال اتری عرش سے
ہلکی ہلکی بارشِ مہمان دار
میرے تن سے راستے بھر کی تھکن
چپکے چپکے دھو گئی۔

جس طرح چینی اور اردو شاعری طریقہ ابتداء اور ارتقاء کے اعتبار سے مختلف ہیں۔ اسی طرح ان دونوں زبانوں کی شاعری کے موضوعات اور اصناف میں بھی فرق ہے۔ اردو شاعری تصوف کے اثر کی وجہ سے داخلیت کی طرف مائل ہے جبکہ چینی شاعری میں مظاہرِ فطرت کا بیان بھرپور طریقے سے ہوتا ہے۔ انتخاب عالم کی شاعری میں ان دونوں رنگوں کی آمیزش ہے۔ ''گلبانگِ وفا'' کی نظمیں ایسے ہی مرقعے ہیں جن میں شاعر کے ذاتی جذبات واحساسات کا رچاؤ بھی ہے اور فطرت کی بوقلمونی بھی۔ عالم کی غزلیات بھی اپنا ایک منفرد مزاج رکھتی ہیں۔ ان غزلوں میں غمِ جاناں بھی ہے غمِ کائنات بھی، ذاتی الجھنیں بھی ہیں اجتماعی مسائل بھی لیکن یہ رنگِ تغزل مجموعی طور پر وہ غم آلودہ اور قنوطی فضا پیدا نہیں کرتا جو ہمارے اکثر غزل گو شعراء کے ہاں پائی جاتی ہے اور جسے پڑھنے کے بعد قاری شاعر کی ناکامیوں اور محرومیوں کو خود اپنا مقدر سمجھ کر زندگی سے بیزار ہو جاتا ہے۔ اس کے برعکس عالم کے ہاں دکھ کا اظہار بھی جرات سے ہوتا ہے اور شاعر کا عزم قاری کو حوصلہ بھی عطا کرتا ہے۔ چند اشعار ملاحظہ فرمائیے:

ابھی نسیمِ بہاری اگرچہ کم کم ہے
ہر ایک درختِ چمن جھومنے لگا تو ہے
ثمر ضرور لگے گا ابھی بہت ہے وقت
چمن پہ ڈال نظر، یہ ہرا بھرا تو ہے
ذرا طویل ہے رستہ تو کیا ہوا عالم
کہ بادبان ہوا میں کھلا ہوا تو ہے

روشن ضمیر اقوام کے ادیب اور فنکار حق پرست اور انسان دوست ہوتے ہیں۔ وہ ہمیشہ سماجی مظالم اور ناانصافیوں کے خلاف صدائے احتجاج بلند کرتے ہوئے استبدادی قوت کے خلاف جہاد میں شامل ہوتے ہیں۔ فلسطینی مجاہدین کی جہدِ آزادی پر عالم نے کئی مسلسل غزلیں تخلیق کی ہیں۔ خاص طور پر ''بیرون مسجد ہونے والے قتلِ عام'' پر لکھی گئی غزل تو شاہکار کا درجہ رکھتی ہے جس میں شاعر نے انتہائی کرب کے عالم میں بھی امید کی جھلک دکھائی ہے

خزاں گزیدہ چمن میں بہار باقی ہے
کہ تخمِ گل پہ مرا اعتبار باقی ہے

آجکل علمی حلقوں کی اہم بحث مغرب کا زوال اور مشرق کی دریافت ہے۔بعض مستشرقین نے اہلِ مشرق کی مذہبی زندگی اور اخلاقی اقدار میں روحانی سکون کا ذکر کیا ہے کہ میرے کچھ خوش فہم بھائی کسی لطیفۂ غیبی کے لیے ہاتھ پر ہاتھ دھرے منتظرِ فردا ہوکر امریکہ اور یورپ کی بربادی کے خواب دیکھنے میں محو ہیں۔دوسری طرف تہذیبِ فرنگ پر جان چھڑکنے والے حضرات مغرب کی ترقی وخوش حالی پر بحثیں کر کے خود کو ہلکان کر رہے ہیں۔ اس ضمن میں ہماری درخواست یہ ہے کہ مغرب کا اِدبار یا ترقی اہلِ مغرب کا مسئلہ ہے، ہمارا نہیں۔لہذا اسے اہلِ مغرب ہی کو حل کرنے دیں۔ہم مشرق والوں کا اصل مسئلہ ہماری اپنی عظمتِ رفتہ، ہمارے تہذیبی ورثے اور ہماری قومی وثقافتی روایات کی بازیافت ہے۔خصوصاً ایسے وقت میں جب مشرق کے عوام میں خودآ گاہی اور قومی بیداری کی لہر پیدا ہورہی ہے مغرب کے صنعتی معاشرے کے زوال کی صدا لگا کر اس بیماری کا علاج مشرق کی روحانیت میں تلاش کرنے کا مقصد مشرقی اقوام کو بھٹکا کر اصل جدوجہد سے ہٹانا ہے۔

یہ نکتہ انتخاب عالم سے پوشیدہ نہیں۔وہ جانتا ہے کہ اہلِ مشرق کے سامنے اصل سوال اپنی سماجی اور معاشی پس ماندگی دور کرنے کے لیے سائنس اور ٹیکنالوجی کا حصول ہے۔عالم کو ''بیجنگ میں اوور پاس پلوں کا جنگل'' اسی لئے اچھا لگتا ہے کہ اس طرح کے منصوبے مشرق کی ترقی کی رفتار کو تیز کرنے میں مدد دے رہے ہیں۔ویسے بھی انتخاب عالم نے اکبرالٰہ آبادی کا کہا مانتے ہوئے خود کو مشرق تک محدود رکھا ہے اور اپنے حافظے کو یورپ کی داستانوں کا خزینہ نہیں بننے دیا۔یہی وجہ ہے کہ ''دیوارِ چین''، ''مینارِ پاکستان'' اور ''لاہور'' پر کہی ہوئی اس کی نظمیں اہلِ مشرق کو ان کا تابناک ماضی یاد نہیں دلاتیں بلکہ ایک خوش آئند مستقبل کا شعور بھی عطا کرتی ہیں۔

''شیشوں کے مسیحا''

جناب انتخاب عالم کے نظمیہ کلام سے نمائندہ انتخاب

عطیہ سکندر علی (سکھر)

نذرِ ماوزے تنگ

چین کا تُو تھا تشخص، چین کا تو تھا نشاں
جانتا تھا چین کو تیرے سبب سارا جہاں!

چین کو ہے ناز تجھ پر، چین کو ہے تجھ پہ فخر
چین کی تو آبرو تھا، چین کی تو آن وشاں!

تیرے دل میں ساری دنیا کے عوام آباد تھے
پر خیالِ ذات کا کچھ بھی نہ تھا نام ونشاں!

انقلابِ چین کا تو ہی علم بردار تھا
تورہِ تحصیلِ آزادی میں میرِ کارواں!

تیرا کہنہ خواب تھا خوش حالیٔ قوم وعوام
بزمِ تعمیرِ وطن کی تو رہا روحِ رواں!

معجزوں کا اک مرقع ہے تری راہِ حیات
جس کی ہر تصویر کرتی بیاں اک داستاں!

تو نے گروایا اندھیروں کا ہر اک کوہِ گراں (۱)
جن کے نیچے دب کے ساری قوم تھی گریہ کناں!

بیج بوئے نور کے ہر طرف لمبی کوچ نے (۲)
بن گئیں آخر سحر غاروں کی مدھم بتیاں (۳)!

تھام کر اک ہاتھ میں شمشیر، دیگر میں قلم
رزم میں بھی تو ہوا کرتا تھا اکثر شعر خواں (۴)!

اک مفکر، اک مدبر، اک سخن ور بھی تھا تُو
تو تھا علم وفن کا اک لبریز بحرِ بے کراں!

عزم تیرا سخت تر تھا آہن وفولاد سے
حوصلہ تیرا بلندی میں تھا رشکِ آسماں!

مہر کو گرہن لگے تو بھی رہے گا مہر ہی
کم نہیں کرتیں تری عظمت تری کوتاہیاں!

جب تلک جاری رہے گی گردشِ لیل ونہار
فکر تیری مثلِ مہر و مہ رہے گی ضوفشاں!

کوئی کہتا ہے فنا ہو جائے گا مرکر بشر
قلبِ دنیا میں ہے تیری زندگانی جاوداں۔

۱۔ اندھیروں کا ہر اک کوہِ گراں: سامراج، جاگیرداری اور نوکر شاہانہ سرمایہ داری جو چینی قوم پر ظالمانہ حکومت کرتی تھیں۔

۲۔ لمبی کوچ: لانگ مارچ۔ بقول ماؤزے تنگ لانگ مارچ ایک بوائی کی مشین ہے جس نے انقلاب کے بیج بوئے تھے، ایک تبلیغی جماعت ہے جس نے انقلابی نظریات پھیلائے تھے۔

۳۔ غاروں کی مدھم بتیاں: ۱۹۳۷ء سے ۱۹۴۷ء تک چینی کمیونسٹ پارٹی کی مرکزی کمیٹی شمالی چین کے پہاڑی شہر یان آن میں مقیم تھی۔ اس دور میں ماؤزے تنگ اور ان کے رفقائے کار نے وہاں کے مکان نما غاروں میں رہتے ہوئے جاپان کے خلاف جنگِ مزاحمت اور جنگِ آزادی کے ابتدائی مرحلے کی کمان کی۔ ماؤزے تنگ نے راتوں کو تیل کی بتیوں کی مدھم روشنیوں میں چینی انقلاب کے متعلق بے شمار اہم مضامین لکھے۔

۴۔ رزم میں شعر خواں: ماؤزے تنگ نہایت اعلیٰ پائے کے شاعر تھے۔ ان کی بہت سی نظمیں جنگ کے دوران گنگنا کر لکھی تھیں۔

یار کہتا ہے کہ ہم ہیں وادیٔ کشمیر میں
میں مگر کہتا ہوں ہیں فردوس کی تصویر میں
مٹ گیا ہے اس جگہ پر فرقِ ارض و آسماں
سبز پربت پر اتر آئی ہے پوری کہکشاں
دیکھ کریاں کوہ پر لٹکا ہوا اک آبشار
میں نے پوچھا خود سے بدلا کس نے رنگِ زلفِ یار؟
لوگ کہتے ہیں یہ دھرتی ہے سدا باغ و بہار
آتشِ گل کا گماں دیتے ہیں پت جھڑ میں چنار
یہ زمیں یہ دیس ہے مہمان پرور کس قدر
میں نے پائے ہر قدم پر کوہ و دریا ہم سفر
چشمِ گل میں جام پی کر آ گیا میں جوش میں
دستِ باراں مجھ کو لیکن کھینچ لایا ہوش میں
میں نے پوچھا ابر سے روتا ہے کیوں تُو بار بار؟
تو وہ بولا دیس میرا ہے لہو سے دغدار

چاند

چاند نے جب رات کو
آسماں کے اوج سے
ارض پر ڈالی نظر
تو اسے تاریکیوں میں غرق دنیا پر ترس آیا بہت
اور اس نے ارض پر کچھ نور لانے کا ارادہ کر لیا
جب وہ اترا آسمان سے
تو مقدّر نے اسے لٹکا دیا
اک صلیبِ نخل پر
اور دنیا سو رہی تھی رات کی آغوش میں
چاند کا کیا حال ہے؟ پوچھتا کوئی نہیں!

فیض کے ساتھ سرگوشیاں

سب ہیں اہلِ گلشنِ شعر و سخن نغمہ سرا
آہ! چپ ہے تُو مگر اے طائرِ شیریں نوا
اڑ رہا ہے راہِ منزل پر غبارِ پا، مگر
حیف! تجھ سے آج ہے محروم فن کا قافلہ
گونجتی ہے جب صدائے شعر بزمِ گوش میں
گونج اٹھتا ہے فضائے دل میں تیرا زمزمہ
شاخِ آزادی پہ کھلتا ہے گلِ نو جب کوئی
اس سے آتی ہے تری مانوس خوشبوئے وفا
مصر کا بازار پہلے کی طرح ہی گرم ہے
چل رہا ہے آج بھی سوداگری کا سلسلہ
ہے خزاں اک گوشۂ گلشن پہ اب بھی حکمراں
تک رہے ہیں اب بھی گل سوئے گزرگاہِ صبا
طالبِ نشتر تھی کل اپنی یہ دنیا جس طرح
دے رہی ہے اب بھی شیشوں کے مسیحا کو صدا
پاسِ وعدہ کر ذرا اے شاعرِ نورِ سحر
پھر قلم کی لرزشوں سے سونے والوں کو جگا

○

دیوارِ چین

تُو کہ ہے فخرِ زمیں اپنے جلال وجاہ میں
کوئی شے چھپتی نہیں تجھ بن نگاہِ ماہ میں
گو بنی ہے خاک سے تُو، ایستادہ خاک پر
عکس اپنا ڈالتی ہے تُو مگر افلاک پر
ارض کو تُو نے ملایا آسمان کے تاج سے
بادِ صحرائی کو جوڑا بحر کی امواج سے
پیرہن تیرا شفق، قوسِ قزح، ابر وسحاب
تیرے زیور ہیں نجوم وماہتاب وآفتاب
ہے کہاں دنیا میں تجھ سا دیو پیکر شہسوار
اسپ تیرے ہیں سوئے افلاک اٹھتے کوہسار
تُو ہے بامِ آسماں پر دستِ انساں کی کمند
تُو نے دیکھا عزمِ انساں ہے فلک سے بھی بلند
تُو نے دیکھا سب سے پہلے صفحۂ قرطاس کو
اولیں حرفِ رواں کو، اولیں کمپاس کو
تُو دیکھا چین میں بارود کی ایجاد کو
اور خون واشک سے تر منظرِ برباد کو
تُو مجاہد ہے، رہی ہے تُو وفادارِ وطن
اور وفا کا اک نشاں ہے تیرا ہر زخمِ بدن
تُو طویل ودائمی شیرازۂ تاریخ ہے
ایک خشتِ نیلگوں، اک صفحۂ تاریخ ہے

مینار پاکستان

تو قد آور مردِ آہن کی طرح
ارض پر پاؤں جمائے
عرش کو سر پر اٹھائے
توڑ کر لایا کبھی
آسماں کے نام سے
اک درخشندہ ستارہ
ایک تابندہ ہلال
سبز پرچم کے لئے
مثلِ فولادی قلم
تو نے اپنی سرزمین کے صفحۂ تقدیر پر
کر دیا منسوخ حکمِ مرگ کو
اور اس پر زندگی لکھ دی ہمیشہ کے لیے
تو ہے اونچی حدِ فاصل نقشۂ تاریخ کی
دو زمانوں میں کھڑی اک آہنی دیوار ہے
اک طرف تاریک کل
اک طرف امروزِ پُرانوار ہے
تو ہے انجامِ زمانہ
تو ہے آغازِ زمانہ
تو کہ استقلال کی تصویر ہے
اور اک تاریخ کی تفسیر ہے

نذرِ اقبال

تیری ہر اک نظم میں گنجینۂ معنی نہاں / ہر غزل جذبات کا ہے موجزن سیلِ رواں
گوہروں کا اک خزینہ ہے ترا ہر شاہکار / ساحرانہ ہے زباں، ہے منفرد طرزِ بیاں
گاہے محوِ خود کلامی ، گاہے محوِ گفتگو / گاہے کرتا ہے کسی محرم سے تو سرگوشیاں
گو تماشائے زمیں پر ہے جمی تیری نظر / ذہن پر پرواز کرتا ہے ترا تا آسماں
تو نے صنفِ نظم کو بخشی ہے کتنی آبرو / تیری نظموں پر مجھے ہوتا ہے غزلوں کا گماں
تو ہے دشمن ظلم کا، اور ترجمان انصاف کا / آدمیت کا تو علم بردار، حق کا پاسباں
دفترِ افکار ہے تو، بحرِ علم و فن ہے تو / تو امورِ دین ودنیا کا ہے یکساں رازداں
ہے خودی کا فلسفہ سرچشمۂ عزم ویقین / ہیں توانا باز سے تیرے طیورِ ناتواں
اپنی امت کے لیے تو صورتِ پیغامبر / تو رہا ہے راہِ جنگِ حق میں میرِ کارواں
تیرے دل میں ساری مخلوقِ خدا آباد ہے / اے مفکر، عمر بھر تجھ کو رہی فکرِ جہاں
اصل میں تیرا ہے تحفہ پاک دھرتی کا سحر / فلسفہ تیرا تھا سورج، ظلمتِ شب میں نہاں
دورِ فرسودہ سے تو لڑتا رہا تا زندگی / شاعری شمشیر و خنجر، شاعری تیر وکماں
تو نے ہر ظلمت زدہ دل کو چراغاں کر دیا / کوہِ یخ بستہ کو تو نے کر دیا آتش فشاں
قطب تارہ تھا شبِ تاریک کا تو اے حکیم / قافلے کے واسطے تو تھا منارِ ضوفشاں
فن ہے تیرا غیر فانی، فکر تیری لازوال / تیری شوکت دائمی ہے، تیری عظمت جاوداں

شب کراچی

انتخاب عالم

ستمبر میں بیچنگ گردشِ فلک و زمین کے زیرِ فرمان موسمِ خزاں کی دلہیز پر قدم رکھ چکا تھا پودوں کے ملبوسات کے رنگ ہلکے اور انسانوں کے ملبوسات کے رنگ گہرے ہورہے تھے۔ مگر ہمارے دوست ہمسایہ ملک پاکستان کے شہر کراچی کا ساحل ابھی تک موسمِ گرما سے ہم کنار تھا۔ وہاں تو ابھی چہارسو آتشِ گل بھڑک رہی تھی اور پتوں سے سبز رس ٹپک رہا تھا۔ مرد سفید اور عورتیں پھول دار لباسوں میں کہیں محوِ خرام اور کہیں نشستہ نظر آرہے تھے۔ جن گھروں میں ایئر کنڈیشن کا انتظام نہیں تھا وہاں پنکھے اپنی دراز ہوائی درانتی کی مدد سے بندہ وآقا کے چہروں پر مسلسل اگنے والی پسینے کی فصلیں کاٹ رہے تھے۔

دن بھر کے طویل سفر کے بعد تھکا ہارا سورج مغرب میں گہری نیند سو چکا تھا اور دن بھر کی رقص وسرور کی پیشکش کے بعد چڑیاں بھی اپنے اپنے آشیانے میں رنگا رنگ خواب دیکھ رہی تھیں، مگر دن بھر کے کام دھندے کے بعد اہلیانِ کراچی تھے کہ نیلگوں آسمان پر جاگتے ستاروں کی طرح ذرا سی تکان بھی محسوس نہیں کر رہے تھے۔ رتجگا اہلیانِ کراچی کی عادت وخصلت میں شامل ہے۔ کراچی کی راتیں دنوں سے زیادہ روشن اور پُرکشش ہوتی ہیں۔

ایک شام کا ذکر ہے ہر شام کی طرح، سرِ شام آسمان پر ستارے اور زمین پر بتیاں لگ بھگ بیک وقت روشن ہوگئیں۔ میرے لیے یہ بتانا بڑا مشکل ہے کہ ستاروں نے بتیوں کو جلایا تھا یا بتیوں نے ستاروں کو۔ چھوٹی بڑی سڑکوں پر ایستادہ کھمبوں پر جگمگاتی بتیاں روشنیوں کا ایسا دریا لگ رہی تھیں جس سے نکلتی شاخیں چاروں طرف بہی رہی ہوں۔ کھمبوں سے پرے ہٹ کر دکانوں کی قطاریں تھیں جو رنگین روشنیوں سے دلہنوں کی طرح سجی ہوئی تھیں۔ کچھ دکانوں کی اونچائی کھمبوں جتنی تھی اور کچھ تو آسمان کو چھونے کی کوشش کر رہی تھیں۔

شاہراہوں پر گاڑیوں کے قافلے رواں دواں تھے۔ وہ دن کی معمول کی رفتار سے کچھ زیادہ ہی تیزی سے چلتے نظر آرہے تھے۔ ان قافلوں میں سرخ سرکاری بسیں، رنگین نجی بسیں، پیلی ٹیکسیاں اور طرح طرح کی رنگ برنگی ذاتی گاڑیاں شامل تھیں۔ یہ گاڑیاں دوش بدوش مارچ کرتی ہوئی ایسا سماں پیش کر رہی تھیں جیسے شہر کی رگوں میں خون دوڑ رہا ہو۔ شاہراہوں کے کناروں پر مرد اور عورتیں دو دو تین تین کی ٹولیوں میں چل رہے تھے شاید وہ اپنے عزیزوں اور دوستوں سے ملنے یا شاپنگ کرنے جارہے ہوں۔ کچھ لوگ تن تنہا چل رہے تھے جن میں سے بیشتر ونڈو شاپنگ کرنے والے تھے۔ شاہراہوں کی دونوں جانب بڑی چھوٹی گلیوں میں واقع روشنیوں کے دس بارہ جزیروں میں قہقہوں، گانوں اور شہنائیوں کی آوازیں سنائی دے رہی تھیں جن میں مرغ پلاؤ کی اشتہا انگیز خوشبوئیں بھی رچی بسی تھیں۔ ایک دوست کی زبانی معلوم ہوا کہ شادی گھروں میں رونق زوروں پر ہے۔

کئی ہوٹلوں، کلبوں، کالجوں اور کھیل کود کے میدانوں سے نکلتی ہوئی مائیکروفون کی مترنم یا واضح زیروبم کی حامل آوازیں فضا میں گونج رہی تھیں۔ جنہیں ''واہ واہ'' کی آوزیں وقتاً فوقتاً کاٹ رہی تھیں۔ یہ مشاعروں اور نجی شعری نشستوں کی آوازیں تھیں۔

بے شمار کنبے اپنے گھروں کے صحنوں میں اگے ہوئے سبزے پر میزیں اور کرسیاں لگا کر ہلکی ہلکی خوشگوار سمندری ہوا میں غسلِ مہتاب کرتے ہوئے چائے اور شربت سے لطف اندوز ہورہے تھے۔ کم کم لوگ کمروں میں بیٹھے ٹی وی پروگراموں سے تفریحِ طبع کر رہے تھے۔ سارے افراد روزمرہ کی گھریلو زندگی کی خوشی سے سرشار تھے کچھ صحنوں میں کہیں چار پانچ، کہیں دس بارہ اہلِ قلم بیٹھے اپنی نئی کاوشوں پر تبادلہ ساعت کر رہے تھے جن میں سے بیشتر نظمیں غزلیں تھیں۔ وہ اپنے ہم جلیسوں کو اچھی تخلیقات پر ضرور داد دیتے لیکن ناقص پیشکش پر تنقید کرنا ضروری نہیں سمجھتے تھے۔

تاحدِ نظر پھیلا ہوا بحیرہ عرب نیم غنودگی کے عالم میں کنارے کو دستِ موج سے مسلسل اور آہستہ آہستہ تھپک رہا تھا، ساتھ ہی ساتھ دبی آواز میں بول بھی رہا تھا گویا ایک عظیم وشفیق ماں اپنی گود میں لیٹے ہوئے لاڈلے لختِ جگر کو تھپک تھپک کر لوری دے رہی ہو مگر کراچی کی آنکھ تھی جھپکتی ہی نہیں تھی۔ آدھی رات کے بعد یہ سمندر کی آنکھ کا تارا آہستہ آہستہ خاموش ہونے لگا، لیکن یہ خاموشی اضافی تھی کیونکہ رات جتنی پرسکون ہوتی جارہی تھی شعر پڑھنے اور داد دینے کی آوازیں شبنم میں اتنی ہی ڈھلتی جارہی تھی، لہٰذا یہ آوازیں اور زیادہ صاف اور دل آویز ہوتی گئی تھیں۔ گاہے گاہے بحری جہازوں اور ریل گاڑیوں کی سیٹیاں، طیاروں کی گڑگڑاہٹیں، حتیٰ کہ آخر میں مسجدوں سے اُٹھنے والی بلند صدا ہائے اذان بھی ان میں شامل ہوگئیں۔ یہ آوازیں گہری رات کی پُراسرار سمفنی بن کر فضائے بسیط میں اس وقت تک گونجتی رہیں جب تک صبائے سحری نے فلک کے ستاروں کو گل نہ کر دیا۔

دراصل کراچی کی رات زندگی کی مسحور کن خوشبوئیں بکھیرنے والی ایک شیریں غزل کی طرح ہوتی ہے۔ میں والہانہ رغبت سے اسے چشمِ دل سے پڑھتا، گوشِ دل سے سنتا اور زبانِ دل سے چکھتا رہا، ایک بار، دوبار......ان گنت بار۔

☆